Cet ouvrage est le fruit d'un travail collectif mené sous la direction scientifique d'Isabelle Glais, directrice des jardins botaniques du Muséum national d'histoire naturelle, et Frédéric Achille, directeur adjoint. Les textes ont été rédigés par Joanne Anton, autrice et artiste ayant étudié la botanique au Muséum, sur la base d'entretiens menés avec les équipes de jardiniers du Muséum. Sans leur précieuse participation, ce livre n'aurait pas pu voir le jour. Qu'ils soient ici toutes et tous remerciés :

au Jardin des Plantes,
Noëlle Parisi, responsable ;
au jardin d'ornement, Robert Pichot, Maxime Bouvier, Colin Coquillaud, Édouard David, Jérôme Denis, Timothée Joly, Vincent Lairys, Colin Larsonneur, Isabelle Mercado, Vincent Potiquet, Laëtitia Vouillon, Vanessa Voskoboinikoff, ainsi que Frabrice Sandelis et Sylvain Abati pour l'entretien mécanique ;
au jardin alpin, Romain Billon, Alpha Bah, Théo Dufosse, Yamna Guttierez ;
à la Graineterie, Simon Lang, Cathy Diallo, Alexis Larmet, Olivier Viger ;
aux Grandes Serres, Pierre Froidevaux, Karim Benyoub, Émilien Fauvain, Anthony Sibenaler, Massimiliano Vitelli ;
à l'École de botanique et au jardin écologique, Marianne Tourolle, Alain Crispin, David Dumar, Ali Eldjoudi, Cristel Elie, Olivier Poustomis, Hervé Senut ;
Damasia Stocker, paysagiste ;
Florian Guignandon, assistant de direction ;

à l'Arboretum de Versailles-Chèvreloup,
Alain Karg, responsable ;
à l'entretien des collections d'arbres et à la pépinière, Matthieu Cottereau, William Formery, Emrah Belet, Jérémy Cavillon, Jean-Pierre Condette, Victor Diogo, Philippe Le Poul, Marc Schlaboski, Michel Vasseur ;
aux serres du secteur botanique, Jean-Michel Doremus, Arnaud Madela, Jérôme Besnault, Loïc Cimetière, Émilie Picard ;
aux serres du secteur horticole, Lucie Vialle, Lise-Margot Dumargne, Laure Brunner, Sylvie Lebreton, Louise-Anne Remontet, Charlène Uginet ;

à l'Harmas Jean-Henri Fabre,
Marie-Carmen Corfa, responsable ;
Max Lebataille, Pascal Chabalier, Robin Mourgues ;

au Jardin botanique Val Rahmeh-Menton,
Christophe Joulin, responsable ;
Stéphane Ananian, Franck Lanoire, Thierry Pallarez-Ferré ;

au Jardin alpin La Jaÿsinia, Christian Chauplannaz, responsable ;

au Pôle collections : Denis Larpin, Cécile Gangloff, Roseline Grouard, Valérie Priolet, Marie-Hélène Simon.

Que soient également remerciées, au Muséum, Émeline Parent, directrice générale déléguée Musées, jardins, zoos ; Agnès Iatzoura, photographe au service Images ; et enfin l'équipe du service Diffusion et médiation des savoirs (Direction des bibliothèques et de la documentation) : Claire Le Borgne, Hélène Foisil, Éléa Godard-Nabat et Laure Pfeffer.

Texte
Joanne Anton

Conception éditoriale réalisée en collaboration avec
Cécile Martin et Alix Veilhan (MNHN)

Mise en page
Julie Patron

Relecture
Irène Colas

QUATRE SAISONS AU JARDIN

MUSÉUM NAL HIST NATURELLE

MARABOUT

BIENVENUE DANS LES JARDINS BOTANIQUES DU MUSÉUM

QUATRE LIEUX D'EXCEPTION AU SERVICE DE LA BIODIVERSITÉ

Vous aimez vous promener et flâner dans les jardins botaniques du Muséum national d'histoire naturelle ? Saviez-vous qu'ils sont également des centres de recherche scientifique, de diffusion des connaissances et de conservation des plantes ? que des jardiniers y multiplient des espèces sauvages et horticoles pour préserver leur diversité et la présenter au public ? Nous vous donnons ici accès aux coulisses de nos quatre jardins botaniques et vous révélons certains de leurs secrets : une occasion unique pour comprendre les techniques et les enjeux qui se cachent derrière l'entretien des plantes que vous admirez.
Au fil des mois, vous découvrirez dans ce livre les savoir-faire uniques des jardiniers du Muséum - de la plantation à l'arrosage et jusqu'à la fertilisation, en passant par le semis et le bouturage. Dans les jardins botaniques, nos experts mettent tout en œuvre pour que les végétaux se développent dans les meilleures conditions. Vous pourrez en faire de même dans vos jardins et sur vos terrasses et balcons, en apprenant de nouveaux gestes, en rencontrant des plantes de saison parfois méconnues, et surtout en visitant des collections végétales insoupçonnées. Ce livre vous ouvre ainsi les portes de quatre jardins botaniques très complémentaires en France. Lieux de préservation de la biodiversité, ils présentent des espèces exceptionnelles venues du monde entier, au sein de paysages et d'ambiances très différentes. Et si les plantes qui s'y trouvent sont un sujet d'étude pour la recherche, elles sont tout autant une source d'émerveillement pour le plus grand nombre.

Le Jardin des Plantes (Paris)

Situé au cœur de Paris, ce jardin présente un univers végétal historique qui ne connaît aucun équivalent au monde. Il est le premier jardin du Muséum, le berceau même de l'institution. Sa surface de 19 hectares permet de découvrir 10 000 espèces et variétés, réparties dans sept jardins proposant chacun une atmosphère singulière. Ce magnifique écrin végétal dispose aussi de quatre Grandes Serres ouvertes au public.

Fondé en 1635, ce jardin est d'abord connu sous le nom de « Jardin royal des plantes médicinales ». Sa création répond aux besoins de regrouper des végétaux réels sous forme de collections pour l'enseignement. Il est en effet plus facile de reconnaître les différentes espèces et d'apprendre la botanique en observant des plantes vivantes que des planches dessinées qui, parfois, se révèlent erronées. Dès son ouverture, le jardin devient un lieu de promenade et, à partir de 1640, des cours gratuits de botanique y sont dispensés pour les pharmaciens et jeunes médecins.

Au XVIIIe siècle, de nombreux voyages partent d'Europe, poursuivant l'exploration du monde. Le Jardin devient un lieu d'acclimatation de plantes venues de contrées lointaines. En France, le premier pied de café y est, par exemple, introduit en 1714 pour le Roi-Soleil. L'observation et l'étude de l'ensemble des premières collections permettent alors de faire progresser la compréhension de l'organisation de la diversité du vivant et l'utilisation des plantes.

Sous l'intendance de Georges-Louis Leclerc de Buffon, la surface du Jardin est doublée. Après la Révolution française, un décret de la Convention, daté du 10 juin 1793, acte la création du Muséum national d'histoire naturelle. Ce jardin de sciences et de pédagogie ne cesse de se renouveler en fonction de l'évolution des connaissances. Au XXe siècle l'ambition naît de constituer des collections végétales qui plongent les visiteurs dans des milieux variés. Le jardin alpin et le jardin écologique, créés dans les années 1930, regroupent ainsi des plantes selon leurs origines géographiques et écologiques. Ils permettent d'apprendre la botanique au fil de voyages imaginaires.

3

1

Entrons maintenant dans chacun des autres espaces où les végétaux sont cultivés par thème.

Le jardin d'ornement, situé dans la grande perspective qui s'étend de la Seine à la Grande Galerie de l'évolution, présente des collections de plantes saisonnières. Elles sont renouvelées deux fois par an et offrent de découvrir, sur près de 2 000 m², des bulbes de printemps et des bisannuelles, puis des fleurs d'été. Ces aménagements floraux sont une source d'inspiration pour la création de massifs dans les jardins privés et les espaces publics en France.

Le jardin ethnobotanique, également connu sous le nom de « carré Lamarck », est situé près de l'entrée côté Seine. Il met en avant les différents usages des plantes par les sociétés humaines, que ce soit pour l'alimentation, la médecine, la teinture, le textile ou les aménagements écologiques.

L'École de botanique présente les végétaux selon un système de classification phylogénétique. Ce jardin permet de découvrir la diversité des espèces végétales sauvages des milieux tempérés. Il permet également de visualiser le lien entre la classification des plantes et l'arbre de l'évolution. Les plantes présentées dans ce jardin aident à comprendre des concepts évolutifs tels que la convergence morphologique ou l'adaptation végétale.

4

Le jardin de roses et de roches, que vous êtes convié à explorer dans ce livre au mois de juin, est particulièrement remarquable en cette période. Il est structuré selon une approche pédagogique qui permet de découvrir l'histoire des roses. Un parcours guide les promeneurs à travers les différentes variétés, des roses sauvages aux principaux groupes d'hybrides anciens, jusqu'aux roses modernes.

Le jardin des iris et des plantes vivaces est centré autour d'une collection d'iris aux couleurs infinies : une plongée dans cette atmosphère féerique vous est proposée en mai. Les visiteurs peuvent admirer la diversité de ces fleurs et découvrir différentes variétés de plantes vivaces.

Les Grandes Serres sont ainsi nommées en référence aux végétaux qui y sont présentés. Elles regroupent la serre de Nouvelle-Calédonie, la serre de l'Histoire des plantes et la serre des Forêts tropicales humides, qui s'élève à 15 m de haut. Deux expositions y sont organisées chaque année. La première, intitulée « 1001 orchidées », a lieu au cœur de l'hiver, au mois de février. La seconde, « Automne tropical », ouvre en octobre. Les jardiniers des Grandes Serres échangent des plantes avec leurs collègues d'un autre jardin situé dans le sud de la France, qui a la particularité de présenter des végétaux tropicaux en plein air : le Jardin botanique Val Rahmeh-Menton.

Page précédente : vue de la perspective du Jardin des Plantes ; au fond, la Grande Galerie de l'évolution. 1. L'École de botanique. 2. Le jardin de roses et de roches. 3. Le jardin des iris et des plantes vivaces. 4. Les Grandes Serres.

Le Jardin botanique Val Rahmeh-Menton (Alpes-Maritimes)

Ce jardin est une véritable oasis sur les rives de la Méditerranée. C'est un lieu de conservation privilégié abritant quelques espèces rares ou menacées. Il s'étend sur une surface de 1,5 hectare, présente 1 900 taxons et bénéficie d'un microclimat exceptionnel.
En 1905, l'ancien général de l'armée britannique Sir Percy Radcliffe et son épouse, Rahmeh, acquièrent la propriété d'une famille locale. Après l'achat de terrains agricoles supplémentaires, ils aménagent l'ensemble en un jardin de style paysager agrémenté d'espèces exotiques. Ils font également agrandir la villa. Au décès de l'épouse, le jardin est baptisé « Val Rahmeh » en son honneur. Le domaine change ensuite plusieurs fois de propriétaires avant d'être acheté par Miss Maybud Campbell, une riche Britannique botaniste de formation. Elle acquiert une nouvelle parcelle et orne le jardin d'espèces rares ou spectaculaires provenant de tous les continents.
L'État rachète son domaine en 1966 et confie sa gestion au Muséum national d'histoire naturelle. Son fouillis végétal est alors transformé en un véritable jardin botanique, avec des présentations thématiques et des plantes identifiées. Il est ouvert au public en 1967.
Le jardin est composé d'une belle terrasse offrant une vue sur la mer et les vallons boisés des alentours.
La terrasse présente un tracé formel. Les autres parties du jardin, qui s'articulent avec fluidité, permettent de découvrir :

- une végétation des régions tropicales et subtropicales, arides et humides ;
- des agrumes (comme les citrus, à découvrir au mois de janvier) et des fruitiers tropicaux ;
- des oliviers pluricentenaires.

Le jardin de Val Rahmeh-Menton offre ainsi un voyage délicieux et dépaysant marqué par l'exotisme. En 2023, certains palmiers du jardin ont été transportés en Provence, pour orner un autre jardin du Muséum, l'Harmas Jean-Henri Fabre.

L'Harmas Jean-Henri Fabre (Vaucluse)

Ce jardin, situé près d'Orange dans le petit village de Sérignan-du-Comtat, était autrefois la propriété du célèbre entomologiste, naturaliste et écrivain Jean-Henri Fabre.
En 1879, le savant acquiert ce domaine d'environ 1 hectare, composé d'un mas et d'une terre en friche (« harmas », en provençal). Sur cette terre abandonnée à la végétation spontanée, il crée un formidable laboratoire à ciel ouvert. Dans ce jardin, il observe sans relâche la vie et les mœurs d'innombrables insectes. C'est à l'Harmas que ce père de dix enfants rédige les 4 000 pages des *Souvenirs entomologiques*, un ensemble de dix volumes traduit en quinze langues qui est toujours très populaire au Japon. Jean-Henri Fabre demeure à l'Harmas jusqu'à son décès en 1915. Le Muséum en acquiert la propriété en 1922. Le jardin a fait l'objet de deux restaurations, dont la dernière a été réalisée en 2023, année du bicentenaire de la naissance du naturaliste.
Le jardin se compose de plusieurs ensembles végétaux : un jardin d'agrément avec un bassin accompagné de deux fontaines, un potager-verger et un espace naturel arbustif et arboré. L'ensemble est complété par une petite serre froide et une terrasse ornée de pots qui mettent en valeur la maison. Comme à l'époque de Fabre, une collection de pélargoniums du XIXe siècle y est présentée. Elle est produite par les jardiniers de l'Arboretum de Versailles-Chèvreloup.

L'Arboretum de Versailles-Chèvreloup (Yvelines)

L'Arboretum, situé au nord du domaine national de Versailles, est un vaste espace naturel et paysager abritant une exceptionnelle collection d'arbres provenant des six continents, ainsi que des plantes sous serres. Il s'étend sur une surface totale de 205 hectares et présente 7 500 espèces et variétés, dont 3 000 au sein de l'arboretum (une découverte de la collection d'érables vous sera proposée au mois d'octobre), 3 000 dans les serres tropicales et 1 500 dans les serres horticoles.
L'histoire de l'Arboretum est liée à celle du parc et du château de Versailles. À l'époque de Louis XIV, le hameau et ses terres sont inclus dans le parc royal afin d'étendre les parcours de chasse et de détourner les eaux pour alimenter les bassins du domaine.

En 1922, l'Arboretum est attribué au Muséum, qui lance alors un ambitieux projet appelé le « jardin de Jussieu », visant à créer le « plus grand parc botanique du monde ». Interrompu par la Seconde Guerre mondiale, ce projet reprend dans les années 1960 : il s'agit de créer un arboretum regroupant des arbres du monde entier. Des serres horticoles sont installées en 1969 pour produire des plantes destinées aux collections saisonnières du Jardin des Plantes.
Ces serres de production sont au cœur des quatre jardins botaniques. Chaque année, près de 60 000 plantes des collections saisonnières à vocation pédagogique y sont produites, ce qui témoigne d'un savoir-faire unique et de présentations toujours renouvelées. De nouvelles serres sont construites en 1985 pour abriter les collections tropicales, à l'étroit au Jardin des Plantes.

Conserver, étudier, partager

Depuis le début de ce parcours dans les jardins du Muséum, l'expression « jardin botanique » revient souvent. Quelles sont les missions de ce type de jardin ?
Quand on pense à un jardin botanique, on visualise souvent une forêt de petites étiquettes sur des piquets plantés sur un sol nu d'hiver, attendant sagement que les végétaux se réveillent au printemps pour donner leur nom aux visiteurs. Ces jardins sont en effet des lieux de science et de partage de la connaissance. Selon la définition du botaniste et écologiste irlandais Peter Wyse-Jackson, « un jardin botanique est une institution qui détient des collections de plantes vivantes documentées pour la recherche scientifique, la conservation, la diffusion des connaissances et les expositions » (1999).
Les quatre jardins botaniques du Muséum, qui sont paysagers et récréatifs, répondent ainsi aux règles communes du réseau mondial des jardins botaniques (Botanic Gardens Conservation International, BGCI), du consortium des jardins botaniques européens (European Botanic Gardens Consortium) et du réseau des jardins botaniques de France et des pays francophones (JBF). Ces missions se résument en quatre points.

→ **La conservation** : celle des espèces végétales et de la biodiversité, qui se fait principalement dans les jardins pour favoriser une plus grande diversité génétique, mais aussi dans la nature, en liaison, par exemple, avec le Conservatoire botanique national du bassin parisien pour le Jardin des Plantes.

→ **L'éducation** : il s'agit de permettre à toute personne intéressée par le monde végétal de le découvrir, en lui donnant accès au jardin, mais aussi de sensibiliser aux différents aspects de la biodiversité par des expositions, l'édition de brochures et d'ouvrages comme celui que vous avez dans les mains. Les jardins botaniques du Muséum accueillent ainsi de nombreux publics, notamment des étudiants et des professionnels lors de stages, d'échanges de personnels ou de visites scolaires.

→ **La recherche** : les jardins botaniques doivent disposer d'une documentation, d'une bibliothèque, d'un herbier et d'une base de données pour assurer la gestion des collections. Des programmes de recherche qui s'appuient sur le matériel végétal ou sur les thématiques développées dans le cadre du jardin sont mis en œuvre.

→ **La diffusion des ressources génétiques** : au Muséum, celle-ci est réalisée par la « Graineterie » du Jardin des Plantes (que nous vous invitons à découvrir en décembre, pour bien finir l'année). Elle respecte les règles de l'International Plant Exchange Network (IPEN). Au Jardin des Plantes, 2 500 lots de graines sont ainsi envoyés chaque année vers des jardins botaniques du monde entier. Ils sont limités à des fins non commerciales et visent notamment l'enrichissement de « collections végétales ». Mais de quoi s'agit-il exactement ?

Le jardin alpin au Jardin des Plantes (Paris)

Fascinantes collections végétales

Ce livre vous permet de découvrir chaque mois une collection végétale conservée dans l'un des quatre jardins botaniques du Muséum. Le BGCI définit la collection vivante comme un groupe de plantes cultivées dans un objectif précis, qui peut être géographique, taxonomique, thématique ou écologique.
Dans nos jardins botaniques, nous avons donc :

→ **Les collections taxonomiques**, définies par l'appartenance des spécimens qui la composent à un genre ou à une famille botanique. C'est le cas, par exemple, de la très belle collection de fuchsias conservée à l'Arboretum de Versailles-Chèvreloup (à découvrir en mars), ou de la fascinante collection de nymphéas, conservée au Jardin botanique Val Rahmeh-Menton (à découvrir en août).

→ **Les collections géographiques**, qui sont composées d'espèces végétales originaires d'une région donnée, listées dans une flore de référence. Les plantes du jardin alpin du Jardin des Plantes entrent dans cette catégorie, avec une collection de plantes de montagnes des pays méditerranéens, mais aussi des terres australes, d'Amérique ou d'Asie.

→ **Les collections écologiques**, qui rassemblent des espèces ayant une affinité pour un même habitat, comme celles du jardin écologique du Jardin des Plantes, qui reconstituent sept milieux naturels d'Île-de-France.

→ **Les collections thématiques**, qui regroupent des espèces autour d'un point commun : leur utilisation par les hommes. Le jardin ethnobotanique du Jardin des Plantes entre dans cette catégorie.
Si certaines collections sont facilement identifiables et localisées, comme le jardin de roses et de roches ou les plantes des Grandes Serres, au Jardin des Plantes, d'autres sont dispersées sur l'ensemble d'un site. Le jardin botanique parisien dispose par exemple d'une exceptionnelle collection d'arbres remarquables et historiques, dont certains ont été plantés avant la Révolution française. La découverte de cette collection (à retrouver au mois de septembre !) fait l'objet d'une agréable promenade sur l'ensemble du jardin.
Ces collections végétales vivantes jouent aussi un rôle essentiel dans la recherche scientifique. Elles abritent en effet une grande diversité d'espèces, y compris des espèces menacées. Elles servent de « banques de gènes » pour préserver la diversité génétique des plantes. Les chercheurs qui étudient ces espèces s'efforcent de comprendre leur biologie, leur écologie et leur adaptation, afin de contribuer à leur conservation.
Les collections végétales vivantes offrent aussi une ressource précieuse pour l'étude de la classification des plantes et de leur évolution. Les chercheurs peuvent, par exemple, comparer les caractéristiques morphologiques, génétiques et physiologiques des plantes pour établir des relations de parenté et mieux comprendre la grande variété des espèces végétales.
Fragiles, diversifiées, les collections nécessitent des soins spécifiques réalisés au Muséum par une équipe aux compétences multiples. Quels sont les métiers qui la composent ?

Savoir-faire et transmission

Les métiers des jardins botaniques sont nombreux. Ils nécessitent des connaissances approfondies en botanique, en gestion des collections et en horticulture. Certains savoir-faire sont détenus par des professionnels invisibles pour le visiteur, mais qui sont la clé de voûte du dispositif. L'équipe de la « régie des collections » est chargée de l'inventaire et de l'étiquetage des plantes présentes dans les jardins botaniques. Elle assure la gestion des bases de données informatisées qui recensent toutes les plantes. Les membres de cette unité veillent également à l'exactitude des informations taxonomiques, des localisations et des états de conservation des plantes. Il s'agit d'un travail long et précis qui suppose une solide connaissance botanique et une actualisation fréquente des compétences. D'autres spécialistes sont responsables de la collecte, de la conservation et de la gestion des banques de graines. Ils identifient les espèces à récolter, collectent ensuite les graines sur le terrain, les traitent et les stockent dans des conditions optimales pour assurer leur viabilité à long terme. Les botanistes et chercheurs effectuent, eux, des recherches scientifiques dans divers domaines. Leurs travaux contribuent à l'identification de nouvelles espèces, à l'étude de la biodiversité et à la conservation des plantes. Ils peuvent également s'appuyer sur un laboratoire de culture *in vitro*, situé au Jardin des Plantes.

Plus proches des visiteurs, on rencontre d'autres acteurs. Les animateurs scientifiques jouent un rôle essentiel dans la sensibilisation et l'éducation du public. Ils imaginent et animent des activités pédagogiques, des visites guidées, des ateliers et des expositions pour expliquer les principes de la botanique, la biodiversité végétale et les enjeux de conservation. Avec les botanistes, ils conçoivent et mettent aussi à jour les panneaux pédagogiques implantés dans les jardins.

Enfin, les jardiniers sont responsables de l'entretien et de la gestion des collections végétales. Leur métier est à la fois passionnant et spécialisé. Avec leurs responsables, ils sont en effet chargés de la conception, de l'entretien et de la préservation des jardins botaniques, espaces dédiés à la conservation et à la présentation de la diversité végétale.

Leurs savoir-faire reposent sur plusieurs compétences fondamentales, notamment une connaissance approfondie des plantes et de leurs besoins spécifiques en termes de substrat, d'humidité, de lumière et de climat.

Ils savent non seulement identifier les différentes espèces, leur origine géographique, mais aussi comment cultiver et entretenir chacune d'entre elles de manière optimale. Des compétences en matière d'aménagement paysager, de création d'environnements harmonieux et esthétiquement agréables, sont également nécessaires. En tant que spécialistes de la flore, les jardiniers partagent leurs connaissances avec le grand public de différentes manières, en organisant des visites guidées pour expliquer l'histoire et les caractéristiques des plantes présentes dans les jardins botaniques, en donnant des conseils sur le jardinage et la culture, en informant sur les défis environnementaux actuels. Les jardiniers participent également à des projets de recherche et de conservation au sein des jardins botaniques : leur expertise est précieuse pour la préservation de la diversité végétale et la promotion de pratiques respectueuses des écosystèmes.

À travers ce livre inédit, nous sommes heureux de poursuivre le partage de ces techniques et savoir-faire, en espérant qu'ils porteront leurs précieux fruits, fleurs et graines jusque chez vous !

Isabelle Glais,
directrice des jardins botaniques du Muséum national d'histoire naturelle

Jardin des Plantes (Paris)

LA SAISON EST PRÉCIEUSE. Beaucoup d'arbres de nos contrées ont besoin du froid pour mieux se développer à la saison suivante. Au fil de l'évolution, c'est devenu un repère dans le cycle annuel des végétaux de climat tempéré. Ainsi, les fruitiers n'ayant pas reçu leur quota de froid ne produisent pas de fruits. « Chaque chose a son temps, en hiver comme au printemps », dit un vieux dicton.

Physiologie végétale

Entrée en dormance.

Croissance minimale, voire inexistante.

De nombreux arbres perdent leurs feuilles.

Arrêt des flux de sèves brute (« sève salée ») et élaborée (« sève sucrée »).

Repos végétatif dans l'attente des conditions favorables du printemps. Mise en place de mécanismes de défense contre le froid.

La sève en hiver

Les plantes dites « vasculaires » ont des vaisseaux conducteurs de sève. Les seuls végétaux terrestres qui n'en possèdent pas sont les mousses et les hépatiques. Les arbres sont bien sûr munis de vaisseaux, mais ce que l'on sait moins, c'est qu'il existe deux types de sève : la sève brute et la sève élaborée.

La sève brute vient du sol. Elle est produite par les racines qui puisent de l'eau et des sels minéraux. Elle remonte par les vaisseaux pour nourrir toutes les cellules de la plante.

La sève élaborée vient du processus de la photosynthèse et se compose de sucres, d'amidon, de matières azotées, d'eau... Elle circule depuis les feuilles en empruntant des vaisseaux vers les racines. Elle permet une redistribution des éléments nutritifs à l'ensemble des cellules. Une fois dans les racines, ces éléments seront stockés et constitueront des réserves.

Quand l'hiver approche, que les feuillus perdent leurs feuilles, on dit qu'ils entrent en dormance. Cette dormance est relative. La sève élaborée venue des parties aériennes de la plante « dort », puisque la photosynthèse s'arrête et que l'arbre nu n'a plus autant besoin d'énergie que lorsqu'il est en feuilles. Mais les racines continuent de transformer en sucres solubles les réserves d'amidon stockées. Pourquoi ? Pour lutter contre le froid et résister au gel éventuel.

En cette saison, il est bon de :

- Réduire l'arrosage pendant la période de dormance, en tenant compte des besoins spécifiques de chaque plante.
- Tailler les arbres car ils sont en repos végétatif. Il sera plus facile d'élaguer et couper des branches, sans risque de dommage pour le végétal. Bien sûr, on ne les taille pas quand il gèle.
- Tailler les arbustes à floraison estivale ou automnale. Cela permettra de conserver une silhouette équilibrée et favorisera la production de rameaux florifères au printemps.
- Protéger les plantes frileuses par des voiles d'hivernage et du paillis. Rentrer celles cultivées en pot si elles sont non rustiques. Elles passeront l'hiver dans une véranda ou une pièce pas trop chauffée.

01

L’hiver s’installe, mais au jardin la vie persiste.

janvier

Dans le sol, toutes sortes d'animaux comme les musaraignes, les hérissons, les taupes, les lombrics, les insectes et leurs larves nichent à l'abri du froid sous la matière organique, certains en creusant des galeries souterraines.

Les bactéries et les champignons demeurent actifs quand le sol n'est pas gelé, même si la terre se couvre de givre ou de neige. Les végétaux en dormance ont stoppé pour ainsi dire leur croissance, mais des mécanismes cellulaires de protection et même de réparation contre le froid se mettent en place. Depuis les racines jusqu'aux tissus conducteurs de sève, tous les processus nécessaires à leur survie se poursuivent. Certaines plantes sont en pleine activité : elles fleurissent ou produisent des fruits. Les oiseaux restés pour l'hiver en ont bien besoin. Pour maintenir leur température corporelle, ils doivent brûler beaucoup de calories. Alors si dans nos campagnes tout semble un peu au ralenti, la vie est bien là. Elle fourmille ! Quant aux jardiniers, ils ne se tournent pas les pouces… Compost, taille, cueillette, protection des plantes fragiles : toutes sortes d'activités bienfaitrices attendent votre belle énergie !

LES BONS GESTES EN JANVIER

Nourrir la terre même en hiver

→ Quelle que soit la saison, on ne laisse pas un sol tout nu. Ce n'est ni bon pour la vie du sol, ni pour nos plantes et nos futures plantations. Bien sûr on peut bâcher une terre travaillée qui recevra des semis, afin d'empêcher la venue de plantes indésirables. Mais pas trop longtemps. La terre a besoin de pluie et d'air pour se regénérer. Et d'humus ! Le paillage protège les plantes de la chaleur comme du froid. Quant au compost, il est utile toute l'année en paillis ou en fertilisant. On ne le sait pas toujours, mais la fabrication de cette matière organique bien décomposée ne s'arrête pas au cours de l'hiver. Le jardinier l'utilise pour planter des arbres s'il ne gèle pas. Ou pour nourrir les arbustes qui fleurissent en cette saison.

Protéger les plantes frileuses

→ Certaines de nos amies végétales ont besoin de protection pour lutter contre les frimas de l'hiver. La paille est un bon isolant. En installant un grillage rempli de paille autour d'une plante, que vous recouvrirez ensuite d'un voile d'hivernage, la protection sera optimale. Laissez la plante respirer et n'oubliez pas ses besoins en eau. (Voir aussi paillage d'hiver, page 216.)

Tailler les arbustes

→ La taille équilibre la silhouette, limite les maladies et favorise le bon développement ainsi que la floraison. Mais tous les arbustes ne se taillent pas en hiver. Il serait vraiment dommage de tailler des cornouillers, des noisetiers, des saules tortueux, au moment où ces espèces offrent couleurs et relief au jardin. Vous éviterez aussi de tailler les arbustes à floraison printanière, dont les fleurs naissent sur les rameaux de l'année précédente : le prunus, l'akebia, certaines clématites, les rhododendrons, le seringat, le lilas, le groseillier sanguin, le cognassier, etc. En janvier, s'il ne gèle pas, mieux vaut tailler les arbustes à floraison estivale.

LES ARBUSTES À TAILLER

- L'ARALIA
- L'ARBRE À PERRUQUES
- LE BUDDLEIA
- LE CÂPRIER
- LE CHARME
- LE CHÈVREFEUILLE GRIMPANT
- LE FRAMBOISIER
- LE GATTILIER
- LE GENÊT D'ESPAGNE
- LA GLYCINE
- LE GROSEILLIER À FRUITS
- L'HORTENSIA À FEUILLES DE CHÊNE
- L'HIBISCUS
- LE MILLEPERTUIS
- LA SYMPHORINE
- LA VIGNE VIERGE

LA VIE DU SOL

Dans 1 cuillerée à café de terre, des millions d'organismes vivent et jouent chacun leur rôle, primordial pour la bonne santé des plantes et du sol. Ils représentent des milliers d'espèces différentes. Sur quelques centimètres de profondeur, des bactéries, des algues, des protozoaires, des champignons, des nématodes, des collemboles, des mille-pattes, des acariens, des coléoptères, des fourmis et autres petits invertébrés forment un écosystème vital. Cette pédofaune sert à décomposer la matière organique. Elle libère ainsi des minéraux nutritifs que les racines des végétaux pourront puiser. La structure du sol se renouvelle, les polluants organiques sont dégradés, l'érosion est limitée... 25 % de la faune terrestre se trouve dans le sol ; sans elle, la vie ne serait tout simplement pas possible !

Récolter les agrumes

→ Bigarade, clémentine, mandarine, orange, cédrat... Dès le mois de novembre, la récolte des agrumes annonce moult mets gourmands. Selon les espèces, la cueillette de ces fruits délicieux se poursuit jusqu'en avril. Quant au citronnier des quatre saisons, il produit toute l'année. Page 27, nous vous donnons des astuces pour savoir quand et comment cueillir les agrumes.

D'AUTRES PLANTES COMESTIBLES À CUEILLIR

LA BOURSE À PASTEUR POUR SES FEUILLES À MANGER CRUES OU CUITES.

LA BARDANE ENTIÈREMENT COMESTIBLE ET TRÈS APPRÉCIÉE POUR SA RACINE ÉPAISSE.

L'ÉGLANTIER POUR LES CYNORRHODONS QUI, UNE FOIS DÉBARRASSÉS DES POILS URTICANTS ET DES GRAINES, SE CONSOMMENT EN CONFITURE OU GELÉE.

LE SORBIER DES OISEAUX DONNE AUSSI DES FRUITS COMESTIBLES : LES SORBES. DÉBARRASSÉS DE LEURS PÉPINS ET PEAU, ILS SE CONSOMMENT EN CONFITURE.

LE POURPIER D'HIVER POUR SES FEUILLES À CONSOMMER EN SALADE.

S'inspirer

→ Et si le jardin devenait en janvier un havre de couleurs, de senteurs et de fleurs inattendues ? Une sélection de plantes proposée par le Muséum vous invite à rêver et bien sûr à planter (pages 30 à 35). Puis, pour finir sur une note acidulée, destination le Jardin botanique Val Rahmeh-Menton (pages 36 à 39) ! Une promenade au cœur d'une riche collection de *Citrus* vous attend. Combava, bergamote, lime d'Équateur, yuzu, pamplemousse, kumquat, citron vert, citron de Menton, « main de Bouddha »... Vous allez vous régaler.

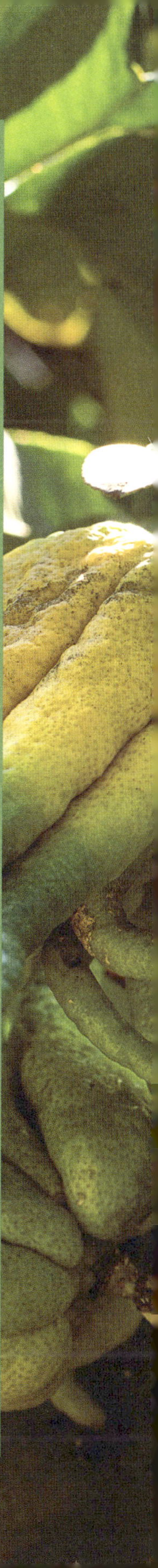

01 SAVOIR-FAIRE

LA FABRICATION DU COMPOST

Un bon compost sera fait de matières sèches et de matières humides. Il servira à recycler vos déchets verts et vos déchets de cuisine. Bien décomposé et mature, le compost est un excellent fertilisant naturel pour les plantes en période de croissance et les plantations. Il favorise aussi les floraisons, améliore la rétention de l'eau et l'aération du sol, et participe à sa bonne santé.

Matériel

Composteur, ou zone du jardin prévue à l'ombre pour faire un tas et alterner les couches sèches et humides.

Les déchets compostables

De cuisine
Épluchures de fruits et légumes, coquilles d'œuf, pain, thé, marc de café, filtre à café, mouchoirs en papier, carton (pas de viande, de poisson ou de crustacés, pas de produits laitiers, pas d'agrumes ni d'ail).

De jardin
Fleurs fanées, feuilles, tonte, branchages fins, bois de taille broyé, adventices sans graines (pas de végétaux malades ni traités, pas de plantes en graines).

MÉTHODE

1 → Récoltez vos déchets de cuisine et de jardin.

2 → Broyez les matières trop dures ou volumineuses et coupez en morceaux les restes de végétaux.

3 → Alternez les couches de déchets humides (épluchures, café, thé, résidus de plantes fraîchement taillées) et de déchets secs (carton, foin, mouchoir, bois sec…). Ou mélangez par couche 2/3 de matières humides pour 1/3 de matières sèches.

4 → À la fourche, retournez votre compost (une fois par mois) afin que l'air pénètre bien dedans.

5 → Arrosez-le s'il est trop sec.

6 → Utilisez un jeune compost (2-3 mois) pour pailler vos plantes. Utilisez un compost mature (6-12 mois) pour les fertiliser.

LA BELLE SAISON DES AGRUMES

Il n'est pas toujours facile de reconnaître les agrumes mûrs et prêts pour la cueillette. Une fois cueillis, c'est trop tard : ces fruits ne mûrissent pas bien loin de leur arbre.

Quand les récolter ?

La période dépend des espèces et des variétés. Se fier à la couleur de la peau n'aide pas vraiment. Un beau citron bien jaune peut se révéler trop mature ; une orange à belle peau homogène peut être décevante en bouche. En règle générale, la mandarine se cueille de janvier à février ; la clémentine de novembre à décembre ; le citron Meyer de novembre à janvier ; le cédrat de février à mars. Cela dépend du climat et des variations de température durant la fructification.

BON À SAVOIR

Dès la première année de croissance d'un agrume, une taille de formation s'effectue. Elle favorise le développement, un port harmonieux et les futures fructifications. Si vous cultivez votre agrume en pot, il faudra le tailler plus souvent dans l'année.

MÉTHODE

1. Soupesez le fruit : un agrume mûr est ferme et lourd.
2. Goûtez, sentez et observez : le jus non acide, la bonne odeur du zeste, la pulpe bien colorée.
3. Munissez-vous d'un sécateur désinfecté avec de l'alcool à 90 °C ; les agrumes sont très sensibles aux maladies.
4. Coupez la tige près de l'écorce et recoupez-la ensuite à 3 cm du fruit ; vous éviterez ainsi d'abîmer dans votre panier les autres agrumes récoltés.
5. Contre les risques de pourriture, ne pas cueillir par jour pluvieux et agir après la rosée matinale.
6. Vérifiez que tous vos agrumes sont sains et conservez-les dans une pièce fraîche ou au réfrigérateur. Ainsi, ils garderont leurs saveurs plus longtemps (environ un mois).

01 COMMENT TAILLER SES ARBUSTES ?

SAVOIR-FAIRE

Pour que vos arbustes bénéficient des bienfaits de la taille, il faut avant tout bien les observer. Vous pratiquerez, en fonction des espèces et de leur développement, une taille légère sur les jeunes arbustes ; une taille modérée pour conserver un bon port aéré et du volume ; et une taille de rajeunissement sur les arbustes plus anciens, en vue de leur rendre toute leur vigueur.

Outils

Vous pouvez avoir besoin d'un sécateur à bras, d'une cisaille, d'une scie arboricole et d'un ébrancheur. Bien désinfecter ses outils et les aiguiser avant de procéder. Porter des gants de protection.

POUR UNE TAILLE LÉGÈRE

1 → Raccourcissez les rameaux ayant fleuri l'année précédente.

2 → Supprimez le bois mort, les branches enchevêtrées et en surnombre au cœur de l'arbuste.

POUR UNE TAILLE MODÉRÉE

1 → Taillez à 2-3 yeux les rameaux secondaires, au-dessus d'un œil.

2 → Coupez les branches mal placées.

PENSE-BÊTE

Rien ne se perd, tout se transforme au jardin. Pensez à broyer vos bois de taille et vos déchets verts pour les mettre ensuite au compost.

POUR UNE TAILLE DE RAJEUNISSEMENT (TOUS LES QUATRE ANS ENVIRON)

❶ Rabattez sévèrement les branches pour garder les plus vigoureuses.

❷ Si deux plantes sont trop rapprochées, rééquilibrez la silhouette de chacune et rabattez au-dessus d'un œil, ou mieux, d'un tire-sève.

❸ S'il s'agit de cotonéaster ou de forsythia, une taille très basse est tout à fait possible, car les rejets ont tendance à repartir de la base. Vous garderez les jeunes pousses du forsythia afin de profiter au printemps de sa floraison.

❹ Si l'arbuste ne tient plus très bien au niveau de la souche, allégez au maximum en supprimant les branches lourdes avec une scie arboricole et rabattez au sécateur les autres rameaux.

01 LES PLANTES

01 LES PLANTES DE JANVIER : UNE ANNÉE FLAMBOYANTE

Et si vous placiez ce début d'année sous le signe de la splendeur des couleurs et des parfums enivrants ? Voici une petite sélection de plantes en pleine activité au cœur de l'hiver. Des bulbes précoces et ravissants, tels que les perce-neige. Des arbustes parfumés : le chèvrefeuille arbustif et le chimonanthe odorant. Et une grimpante à fleurs flamboyantes qui nous en met plein la vue !

Perce-neige

De la famille des Amaryllidacées, le genre *Galanthus* comprend une vingtaine d'espèces de vivaces bulbeuses, fleurissant à partir de janvier et jusqu'en mars. Il existe un perce-neige « géant » (*Galanthus elwesii*) qui doit son nom d'espèce au botaniste qui l'a découverte en Turquie à la fin du XIXe siècle : Henry John Elwes, grand collectionneur de bulbes et de papillons.

⊛ MAGIE D'UN BULBE PRÉCOCE

Dans le jardin alpin du Jardin des Plantes à Paris, le début de l'année est une aubaine pour voir fleurir les perce-neige qui, bien installés, forment de beaux tapis blancs au cœur de l'hiver. Avec au bout de son long pédoncule, une fleur unique en clochette, composée de six tépales d'un blanc vif marqués par endroits de vert clair, le perce-neige ne manque pas de poésie. On le dirait tout droit sorti d'un conte de fées !

⊛ UNE MELLIFÈRE BIEN UTILE

En cette période de froid et de dormance végétale, l'apparition par touffes de ces herbacées au port érigé ne manque pas de charme. Le feuillage vert glauque de cette espèce apporte aussi une belle luminosité. Comme cette vivace bulbeuse se naturalise facilement au jardin, pour peu que vous lui offriez un sol frais et veilliez en été à prémunir la zone d'un excès de sécheresse, nous vous recommandons de planter les bulbes au pied d'un arbre ou d'un arbuste à feuillage caduc. Le perce-neige est intéressant pour les insectes, puisqu'au tout début du printemps, avec son très léger parfum et ses six étamines charnues, il fait partie des premières plantes à leur offrir du pollen.

Galanthus nivalis

Milieu d'origine : Sous-bois frais d'Europe centrale.
Culture : Tout type de sol humifère, frais et bien drainé. À mi-ombre.
Plantation : Entre septembre et novembre, par groupe de bulbes espacés de 5 cm, à une profondeur d'un peu moins de 10 cm. Pour une bonne installation, attendre la fanaison complète du feuillage avant de rabattre.
Multiplication : Après trois ans, décrochez les bulbilles des bulbes-mères et replantez-les en zone choisie.
Nuisibles éventuels : Les limaces se nourrissent des feuilles et des fleurs.
Rusticité : Très bonne, jusqu'à -25 °C.
À voir : Au jardin alpin du Jardin des Plantes (Paris).

Chimonanthe odorant

De la famille des Calycanthacées, le genre *Chimonanthus* compte 6 espèces d'arbustes, dont celle-ci à feuillage caduc, au port ramifié et dressé (3 ou 4 m de haut), fleurissant de janvier à mars.

DOUCE D'HIVER

Avec ses fleurs pendantes à tépales nombreux, jaune soufre et teintées de pourpre en leur cœur, le chimonanthe odorant ne passe pas inaperçu en ce mois où domine chez nous la dormance végétale. Les feuilles entières d'un vert lumineux, opposées et lancéolées, mesurent jusqu'à 20 cm de long et naissent après la floraison. Elles prennent en automne une jolie teinte jaune d'or. En chinois et en anglais, l'arbuste a pour petit nom la « douce d'hiver ». Quoi de plus doux, en effet, que de sentir l'envoûtant parfum de miel qu'offrent ses fleurs au début de l'année ? Comme si le chimonanthe précoce nous présentait ses meilleurs vœux! Mais avec leur nectar et leur pollen, ces fleurs à 6 étamines sont surtout destinées aux insectes (abeilles, bourdons). Les fruits, sortes d'urne ovoïde contenant une petite dizaine de graines, parviennent à maturité en juin-juillet.

UN ARBUSTE TOUT-TERRAIN

Le chimonanthe odorant se plaît dans tous les jardins, y compris les plus petits. Mais si vous avez un grand balcon, la culture en pot est également possible. Les fleurs abondantes apparaissent sur les rameaux nus brun rougeâtre, éclairant telles de petites lanternes tantôt un mur contre lequel vous pourrez le palisser, tantôt un massif ou une haie libre. Sur la terrasse, celui-ci s'épanouira dans un pot de belle taille.

Chimonanthus praecox

Milieu d'origine: Zones boisées de basse montagne, en Chine.
Culture: Sol fertile, bien drainé, même calcaire; en plein soleil ou à mi-ombre. Apprécie les régions océaniques, les étés chauds et humides, mais pas les vents dominants.
Plantation: Au printemps, en isolé, en massif d'arbustes ou haie fleurie, voire en pot à condition de le tailler. De croissance lente et de petite taille, l'arbuste convient aux petits jardins.
Taille: Après la floraison, on peut supprimer les tiges enchevêtrées en vue de maintenir un port bien équilibré. Si la plante est palissée, rabattre les tiges après 3 ou 4 bourgeons en partant de la base.
Multiplication: Boutures de rameaux herbacés en été à l'étouffée (en sol sableux).
Cultivars: *C. praecox* 'Grandiflorus', *C. praecox* 'Concolor'.
Maladie éventuelle: Oïdium.
Rusticité: Plutôt bonne, jusqu'à -15 °C.
À voir: Au Jardin des Plantes (Paris) et à l'Harmas Jean-Henri Fabre (Vaucluse).

Chèvrefeuille d'hiver

De la famille des Caprifoliacées, le genre *Lonicera* compte environ 200 espèces d'arbustes persistants ou caducs. Ce chèvrefeuille arbustif non grimpant, à feuillage caduc, offre une belle floraison parfumée durant la période des fêtes de fin d'année, et jusqu'en mars.

FRAGRANTS FRIMAS

Qui a dit que le jardin ne sentait plus rien en hiver ? S'il est juste d'associer l'été aux odeurs florales envoûtantes, se laisser enivrer par les effluves jasminés des petites fleurs blanc crème de *Lonicera fragrantissima* fait partie des belles surprises au jardin en cette saison. Les créatrices de ce parfum suave apparaissent par paires à l'aisselle des feuilles et ne mesurent pas plus de 1 cm. Elles sont tubulaires et composées de 2 lèvres, avec 5 étamines qui font le bonheur des premiers insectes printaniers. Les feuilles (4 à 8 cm de long), opposées, vert foncé sur le dessus et bleu-vert sur le revers, naissent après la floraison. Les fruits, de petites baies rouge terne, sont becquetées par les oiseaux, qui disséminent alors les graines.

AMATEUR DE DOUCEUR

Pour les jardins de bord de mer du littoral atlantique, ce chèvrefeuille hivernal est tout indiqué: l'arbuste buissonnant a une préférence pour les climats humides et doux. Il peut atteindre 2 m de haut pour 3 m de circonférence et redoute le soleil brûlant. Mais il s'acclimate dans de nombreuses régions.

Lonicera fragrantissima

Milieu d'origine: Forêts de feuillus de l'est de la Chine.
Culture: Tout type de sol drainé, même calcaire si paillage. Fleurit davantage au soleil, tolère la mi-ombre.
Plantation: De l'automne au printemps, dans un sol meuble et profond, enrichi en matières organiques. Pour une haie fleurie, prévoir une distance de 1 m autour de l'arbuste.
Taille: Les rameaux défleuris se rabattent au niveau des gros bourgeons, et les anciennes tiges (plus de trois ans) seront coupées à un quart.
Multiplication: Boutures ligneuses en été.
Cultivar et hybride: *L. frangratissima* 'Spring Purple', *Lonicera × purpusii.*
Nuisibles éventuels: Pucerons noirs.
Rusticité: Très bonne, jusqu'à -20 °C.
À voir: À l'École de botanique du Jardin des Plantes (Paris).

Liane de feu

De la famille des Bignoniacées, le genre *Pyrostegia* compte quelques espèces (trois ou quatre) de plantes grimpantes à feuillage vert intense persistant, dont les tiges grêles sont munies de vrilles. Floraison hivernale spectaculaire, de la fin de l'automne au début du printemps.

QUAND L'HIVER S'ENFLAMME

Au Jardin botanique Val Rahmeh-Menton, une vigoureuse grimpante profite du microclimat offert par la baie de Garavan pour jeter des flammes dans l'air... Au bout de tiges ligneuses, ses fleurs tubulaires de 6 cm de long environ, groupées en bouquets terminaux, lancent leur couleur rouge orangé, comme un feu d'artifice. De quoi enflammer au cœur de l'hiver les jardins du sud de la France! Sa beauté incendiaire n'est pas son unique atout. Dans son habitat, ses fleurs nectarifères sont visitées par les papillons et les colibris.

BELLE SUR TOUTE LA HAUTEUR

Cette liane volubile se cultive en pleine terre en climat méditerranéen, et en serre tempérée ou en pot dans une véranda bien ensoleillée dans les régions plus fraîches. Au jardin, elle peut atteindre une belle hauteur (10 m). Lors de la plantation, placer un support fin (treillage) permettra aux vrilles de la liane de s'accrocher facilement.

Pyrostegia venusta

Milieu d'origine: Forêts tropicales (Brésil, Paraguay, nord de l'Argentine).
Culture: Sol riche, frais et bien drainé, au soleil.
Plantation: En serre ou en véranda chauffées, dans un mélange de tourbe, de sable fin et de terreau riche en humus. Au jardin, si climat méditerranéen, en prévoyant un support sur lequel la plante pourra grimper, un substrat drainant non calcaire et du compost bien décomposé.
Taille: Après la floraison, pour limiter son ampleur (croissance rapide), les rameaux se rabattent à 3 ou 4 bourgeons en partant de la base.
Nuisibles éventuels: Les araignées rouges et les cochenilles.
Rusticité: Peu rustique, jusqu'à -2 °C.
À voir: Au Jardin botanique Val Rahmeh-Menton (Alpes-Maritimes).

S'INSPIRER : LES CITRUS

JARDIN BOTANIQUE VAL RAHMEH-MENTON (ALPES-MARITIMES)

Nous avons avec les agrumes une longue histoire. Quelques espèces sauvages originaires de l'Asie, de l'Inde et des îles de l'est du Pacifique sont à l'origine des milliers de variétés que l'homme a créées au fil du temps. Le genre *Citrus* comprend presque tous les agrumes, y compris ceux à petits fruits, tels les kumquats. Il s'agit d'arbres et d'arbustes de la famille des Rutacées, pouvant atteindre 10 m de haut, dont les fleurs hermaphrodites et odorantes se forment de manière isolée ou groupées à l'aisselle des feuilles de l'année. Les fruits charnus n'ont pas de noyau, ce sont des baies (à pépins) particulières. La surface colorée de l'écorce des fruits, le fameux zeste, contient des glandes à huiles essentielles. Le reste de l'écorce, appelé « albédo », est un tissu blanc et spongieux, plus ou moins épais selon les espèces. (Chez le cédrat, l'albédo est devenu la part la plus comestible du fruit.) Quant à la pulpe de ces fruits, elle est faite de vésicules de jus provenant d'excroissances de l'endocarpe, la paroi interne du fruit. Les cultivars sont multipliés par greffage, on obtient donc des clones. Par la graine, on obtient la plupart du temps des hybrides.

FÊTONS LES AGRUMES !

À Menton, cette belle ville du Sud-Est aux portes de l'Italie faisant face à la mer, les agrumes sont fêtés chaque année en février, durant deux semaines. Parades et chars richement décorés par ces fruits, aussi beaux que bons, défilent dans les rues. Le public s'émerveille devant d'incroyables sculptures éphémères composées d'une dizaine de tonnes d'agrumes et profite d'un événement unique au monde. Avec une riche collection d'agrumes, le Jardin botanique Val Rahmeh-Menton participe bien sûr aux festivités. Dès le mois de décembre, les jardiniers cueillent les fruits qui, dans la région, sont cultivés depuis le XVIe siècle. La cueillette commence par les mandarines. Ensuite viennent les clémentines, puis les oranges, les citrons, etc.

La collection de *Citrus* s'est développée au Val Rahmeh dans les années 1930. Les différents propriétaires du site ont cultivé les agrumes pour leur consommation personnelle jusqu'en 1966, date à laquelle le Muséum a acquis le domaine. La collection a été étoffée et se compose aujourd'hui de divers cultivars, variétés et sous-espèces. Les vieux pieds de citronnier de Menton sont conservés par multiplication.

Dans le jardin, une trentaine de variétés sont réparties sur l'ensemble du site, même s'il existe une zone qui présente et regroupe les plus belles. Orange, mandarine, clémentine, combava, bergamote, lime d'Équateur, yuzu, cédrat, pamplemousse, kumquat, citron vert, citron de Menton, citron caviar, « main de Bouddha »... La diversité du genre, bien représentée, a valu sa réputation à la collection.

Page précédente : Pomelo. 1. Clémentine. 2. Cédrat digité ou « main de Bouddha ». 3. Combava. 4. Citron caviar.

⊕ UNE HISTOIRE DE CROISEMENTS

C'est à partir du croisement d'espèces sauvages que l'homme a créé de nouveaux fruits. Par exemple, le kumquat croisé avec le mandarinier donne en première génération le calamondin. Le mandarinier croisé avec le pamplemoussier donne en première génération l'orange amère. L'orange amère croisée avec le cédratier donne en deuxième génération le citronnier. Le cédratier croisé avec le combava donne en première génération le citron vert… Les premières générations sont issues du croisement de deux espèces « sauvages », les deuxièmes sont issues du croisement entre une espèce « sauvage » et une obtenue en première génération, etc.

⊕ QUELQUES VARIÉTÉS POUR VOS JARDINS, TERRASSES ET VÉRANDAS

Les agrumes sont souvent cultivés dans de grands pots de terre cuite, afin de pouvoir les rentrer en hiver dans une pièce fraîche et lumineuse. Ils aiment au jardin la chaleur (les sortir en mai), sans soleil trop direct. Un apport d'engrais spécial agrumes sera bénéfique, à raison de quatre fois par an, d'avril à novembre. Gourmands en eau, il faut les arroser abondamment l'été, moins en hiver. Sensibles aux poux farineux et aux pucerons, ils ont besoin d'être traités de façon préventive. Cueillir les fruits aide la plante à refleurir.

Voici quelques variétés réputées pour leurs fruits, leurs arômes, leur zeste et/ou leur jus : citronnier des quatre saisons ou citron Meyer, combava, cédrat digité ou « main de Bouddha », oranger, mandarinier, pamplemoussier, calamondin, etc. De quoi faire le plein de vitamines, préparer toutes sortes de mets et savourer !

→ Pour la récolte des agrumes, voir page 27.

→ Pour bouturer le citronnier, voir page 66.

02

Les feuillus de nos jardins sont nus et mènent une vie ralentie.

février

Les oiseaux se posent sur les branches ; nous pouvons ainsi mieux les observer et même nous amuser à les identifier. C'est la bonne saison pour les nourrir.

Selon les espèces, ils seront friands de graines de tournesol, d'arachides, de noix, de morceaux de beurre et de vieilles pommes. S'il neige, ils apprécieront notre aide car trouver de la nourriture devient difficile. Ils mangeront sur le plateau d'une mangeoire, un rebord de fenêtre, mais aussi directement sur le sol, parmi des bulbes en floraison. Comme l'aconit dont les fleurs jaunes percent le manteau neigeux pour notre plus grand plaisir. Elles répondent à merveille au mimosa d'hiver qui fleurit dès février. Ses jolis pompons jaunes sont pour nous : on peut les manger dans nos salades ou dans nos smoothies ! S'il ne neige pas, que le mois de février est doux, vous pourrez enfiler vos gants de jardinier et sortir vos outils. Certains rosiers seront à tailler. Et, toujours pour faciliter la vie des oiseaux, une haie vivante pourra être créée par plessage. Elle agira en véritable corridor écologique pour la faune, lui offrant le gîte et le couvert au fil des saisons. On s'y met ?

LES BONS GESTES EN FÉVRIER

Régénérer une haie

→ La régénération d'une haie ou la création d'une haie vivante d'arbres jeunes se pratique en hiver, période de dormance pour les feuillus. S'il fait relativement doux et sec, la saison est idéale pour couper ou scier des branches. Non seulement les nuisibles potentiels ne sont plus actifs, ce qui limite les risques de maladie pour l'arbre, mais le « stress » sera pour le végétal amoindri du fait d'être en repos végétatif.

LE PLESSAGE

La technique du plessage est traditionnelle et ancienne ; très répandue dans les campagnes au Moyen Âge, elle servait à régénérer une vieille haie, à récolter du bois de chauffage et à maintenir les animaux dans les enclos.

EN QUOI CELA CONSISTE ?

Il s'agit d'une manière de tresser les branches d'arbustes de diverses espèces pour former une haie vivante. C'est-à-dire une séparation naturelle favorable à la biodiversité. Le plessage participe à maintenir des corridors écologiques pour les oiseaux. Plesser permet donc de densifier une haie tout en apportant à la faune des refuges et de la nourriture. Avec le temps, la clôture vivante demandera moins de soins qu'une haie libre. Mais pour devenir un bon plesseur, il faut apprendre les gestes et respecter les étapes d'une technique ancestrale, remise au goût du jour depuis quelques années (voir pages 44-45).

Tailler ses rosiers

→ Les rosiers ne sont pas des plantes frileuses. Toutefois, comme pour tous les végétaux, s'il gèle ou risque de geler dans les semaines à venir, tailler n'est pas recommandé. À force de craindre le froid et de repousser la taille, on prend le risque de l'oublier. Or la taille d'un rosier lui redonne de la vigueur, permet d'aérer le centre afin que la lumière puisse y pénétrer, et d'éliminer le bois mort. Cette action est donc bienfaitrice pour conserver ses rosiers en bonne santé, éviter que les rameaux ne se dégarnissent trop à la base et les voir fleurir de façon harmonieuse. Vous trouverez une méthode détaillée pour la taille page 46.

QUAND PEUT-ON LES TAILLER ?

Selon qu'ils soit remontants ou non remontants, les rosiers ne se taillent pas à la même période de l'année. La méthode cependant reste identique : ils apprécient tous la taille sévère.

UN ROSIER NON REMONTANT NE FLEURIT QU'UNE FOIS DANS L'ANNÉE, EN MAI-JUIN. ON PEUT ÉVENTUELLEMENT LE TAILLER APRÈS LA FLORAISON, EN DÉBUT D'ÉTÉ. ON PRATIQUERA UNE TAILLE SÉVÈRE À L'AUTOMNE, EN OCTOBRE.

UN ROSIER REMONTANT REFLEURIT PENDANT L'ÉTÉ. ON LE TAILLE EN FÉVRIER OU MARS S'IL FAIT DOUX.

Donner de l'engrais à ses arbres fruitiers

→ Les fruitiers sont gourmands et sensibles aux carences. Ils ont besoin pour produire de beaux fruits d'azote, de phosphore, de potasse, de calcium, d'oligoéléments et autres minéraux. Les premières années de leur croissance, les fertiliser en automne ou avant l'arrivée du printemps leur permet d'assimiler des nutriments, qui seront disponibles au moment du débourrage. Pour ce faire, vous utiliserez par exemple de l'engrais organique (fumier desséché) en granulés. Il se décomposera lentement dans le sol et constituera une réserve prête à l'emploi au bon moment. Vous pouvez aussi alimenter les pieds de vos arbres avec du compost (voir sa fabrication page 26). Les fruitiers aiment également les cendres de bois, la vinasse de betterave et la poudre d'os. Il vaut mieux fertiliser les jeunes plants tous les ans. Ensuite, tous les trois ans environ.

S'inspirer

→ Et si le jardin prenait en février un air de fête ? Pompons jaunes, roses de Carême, petites fleurs en étoile et clochettes sont à découvrir dans la sélection des plantes du mois (pages 48-53). Ensuite, destination le Jardin des Plantes à Paris, pour célébrer un bel événement autour des orchidées et s'émerveiller devant une riche collection. Vous avez rendez-vous avec des plantes d'exception !

LE PLESSAGE

En hiver, hors période de gel, on tresse de jeunes arbres auxquels on aura toutefois laissé le temps de se développer (les troncs feront au moins 10 cm de diamètre), plantés en haie libre à 80 cm de distance. Érable champêtre, noisetier, charme, épine blanche, frêne, cornouiller, saule... On peut pratiquement tout plesser : la diversité favorisera l'ensemble. Vous plesserez dans une seule direction de préférence, ou dans les deux sens si vous manquez un peu de « brins » (on appelle ainsi les branches à plesser). Il est possible de garder quelques troncs d'arbustes droits, taillés en têtard, pour apporter de la verticalité à la haie, ou de se servir de pieux.

Outils

Munissez-vous d'une serpe, d'un sécateur de force ou d'une scie japonaise, et d'une masse si vous posez des pieux en bois dans votre haie. Portez des gants et des chaussures de sécurité.

MÉTHODE

❶ Éliminez le bois mort, qui pourra servir de bois de chauffage, et les ronces éventuelles. Nettoyez la haie pour ne conserver que les brins dénudés verticaux, vigoureux et sains.

❷ Si vous posez des pieux (d'acacia ou de châtaignier par exemple), utilisez la masse et plantez ceux-ci tous les 50 cm environ. Cela vous aidera à maintenir les brins couchés, surtout si vous plessez dans une seule direction.

❸ Définissez la hauteur désirée ; entailler au bas des brins favorisera les rejets. Plus haut, cela permettra d'obtenir rapidement une haie qui monte bien.

❹ Entaillez verticalement à environ deux tiers du diamètre chaque brin. S'il est fin à l'aide d'une serpe, s'il est large avec une scie japonaise, voire une tronçonneuse.

❺ Couchez le brin et coupez à la scie le talon qui reste au niveau de l'entaille, ainsi que le morceau d'écorce supérieur afin de rendre la plaie plus propre.

❻ Procédez ainsi pour chaque brin sur toute la longueur et jusqu'à atteindre le haut de la haie.

LA TAILLE DES ROSIERS

En février-mars, les rosiers remontants apprécient une taille sévère. Ils se développent mieux et demeurent ainsi, au fil des ans, bien vigoureux. En revanche, quand ils sont en floraison, seules les fleurs fanées sont à retirer.

Outils

Munissez-vous d'un bon sécateur bien aiguisé et désinfecté à l'alcool. Et bien sûr de gants de protection (aïe ! les épines du rosier…).

MÉTHODE

1 → Tenez votre sécateur de sorte que la lame coupante soit vers l'extérieur et coupez en biseau à 1 cm de l'œil.

2 → Choisissez des bourgeons extérieurs et coupez vers le centre de la ramure (jamais vers le bourgeon).

3 → Taillez en comptant 5 bourgeons depuis la base.

5 → Éliminez le bois mort et les branches abîmées.

LA FERTILISATION DES FRUITIERS… … CE N'EST PAS SORCIER !

Matériel

De l'engrais organique en granulés pour fruitiers, une griffe et des gants.

MÉTHODE

1. Griffez la terre sur 1 m de circonférence autour de votre arbre.
2. Répandez vos granulés généreusement.
3. Griffez à nouveau pour enfoncer légèrement les granulés dans le sol.
4. Arrosez.

LES PLANTES DE FÉVRIER : UN JARDIN EN FÊTE

Par la splendeur éternelle d'une reine de l'horticulture nommée « hellébore »; par des bulbes qui déclinent les tons bleutés ou les jaunes pétillants; par l'exotisme d'une campanulacée étonnante et la beauté des joyeux pompons du mimosa: l'effervescence carnavalesque de ce mois de l'année s'invite au jardin... Débauche sensuelle de fleurs au programme!

Hellébore orientale

De la famille des Renonculacées, le genre *Helleborus* compte une quinzaine d'espèces de vivaces rhizomateuses. L'hellébore orientale, aux multiples cultivars, possède un feuillage persistant sous climat doux, et produit de belles fleurs simples ou doubles de janvier à mars.

UNE REINE DE L'HORTICULTURE

Connue depuis l'Antiquité, hybridée tant et plus, collectionnée avec passion, la fleur d'hellébore est une incontournable de nos jardins. Cette vivace robuste et de culture facile peut, une fois bien installée et non déplacée, vivre longtemps. Elle nous apporte chaque hiver les fameuses « roses de Carême » que nous apprécions tant.

L'AMIE DES APICULTEURS

Elle forme des touffes étalées et hautes (60 cm). Ses feuilles pétiolées et pédalées sont dentées, brillantes et vert foncé. La fleur de l'espèce non hybridée est de couleur blanc verdâtre à rosé; il s'agit de 5 sépales pétaloïdes colorés. Les pétales peu visibles se transforment en cornets nectarifères et entourent les nombreuses étamines et les carpelles (pistils). La plante fournit aux abeilles un bon apport de nourriture - du nectar et du pollen - par sa floraison longue et précoce. Elle est d'ailleurs souvent utilisée en apiculture. Pendant la dormance, en été, il ne faut pas l'arroser, sauf en cas de sécheresse excessive et seulement au pied.

Helleborus orientalis

Milieu d'origine: Sous-bois, clairières, régions montagneuses (Grèce, Caucase, Turquie).
Culture: Dans un sol lourd (argileux, limoneux) à légèrement calcaire, frais, fertile et bien drainé. À l'ombre ou à mi-ombre.
Plantation: En automne ou en fin d'hiver, vous planterez dans un trou large et profond (40 cm) votre hellébore en massif ombragé, en apportant du gravier au fond et du compost bien décomposé à votre sol. Ne cassez pas la motte et préservez le collet d'un excès d'humidité, en la plantant par exemple sur une petite butte. Paillez avec des feuilles mortes (mulch), un paillis de chanvre ou de miscanthus.
Multiplication: On peut diviser l'hellébore orientale au bout de quelques années et juste après la floraison.
Cultivars et hybrides: *Helleborus × hybridus* 'Isabella', *H. hybridus* 'Suzanna', *H. hybridus* 'Double Red'.
Nuisibles éventuels: Pucerons, taches foliaires noires, feuilles appréciées par les escargots.
Rusticité: Plutôt bonne, jusqu'à -15 °C.
À voir: Au jardin alpin du Jardin des Plantes (Paris).

Crocus de Tommasini

De la famille des Iridacées, le genre *Crocus* compte plus de 200 espèces de vivaces naines à cormus. Celui-ci, avec son cœur jaune-orange bien visible au sein d'une corolle mauve à violette, est l'un des plus jolis crocus botaniques et se naturalise très facilement. Il fleurit en février et mars.

DES CROCUS À CROQUER

Au bout de son tube blanc, la fleur de cette iridacée s'ouvre en étoile sous l'effet de la lumière et du soleil doux de l'hiver - les crocus se referment la nuit - et colore délicatement les heures du jour. Ses 6 tépales lavande, avec des zones argentées, dévoilent alors les organes reproducteurs : le pistil de couleur orange composé de 3 styles longs, au bout desquels se trouvent les stigmates, et de 6 étamines d'un jaune soutenu. Si le sol de votre jardin est plutôt calcaire, privilégiez cette espèce très facile à cultiver, car elle s'installera bien mieux que d'autres et reviendra chaque année éclairer vos pelouses, vos bordures, vos rocailles ou encore le pied d'un feuillu. Avec le temps, ces crocus forment de jolies colonies. L'espèce est cousine de *Crocus sativa*, bien connu pour son safran.

LES FOURMIS LES ADORENT

Oui, ce sont les fourmis qui disséminent les graines de crocus ! Les insectes les rapportent à la fourmilière, prélèvent une excroissance riche en lipides et en protéines, et rejettent les futures plantules au-dehors.

Crocus tommasinianus

Milieu d'origine : Subalpin, dans les sous-bois de feuillus du sud-est de l'Europe (Balkans).
Culture : Sol pauvre, bien drainé, sablonneux ou calcaire. Au soleil mais à l'abri des vents froids.
Plantation : En automne, par groupe, à moins de 10 cm de profondeur. Attendre la fanaison complète du feuillage avant de tondre ou couper.
Nuisibles éventuels : Rongeurs, souris et campagnols apprécient les bulbes.
Rusticité : Très bonne, jusqu'à -25 °C.
À voir : Au jardin alpin du Jardin des Plantes (Paris).

Aconit d'hiver

De la famille des Renonculacées, le genre *Eranthis* compte 12 espèces de vivaces de petite taille et à tubercules bosselés. Avec ses fleurs jaune soleil, l'aconit d'hiver, qui fleurit en février-mars, illumine pelouse, bordure, rocaille fraîche, talus ombragés ou pieds de feuillus du jardin, même recouverts d'un manteau de neige.

PETITS SOLEILS DE FÉVRIER

Au-dessus de la collerette de feuilles vert printemps, la fleur jaune vif de l'aconit s'ouvre en étoile, offrant de nombreuses étamines nourricières pour les premiers insectes en quête de pollen. La vivace tubéreuse est de petite taille (5-8 cm), mais elle forme des touffes qui égaient les sols un peu tristounet en cette période de l'année. Ce sont nos petits soleils de février: ils réchauffent nos jardins endormis.

DES FLEURS QUI PERCENT LA NEIGE

Facile à cultiver, se ressemant naturellement, l'aconit s'étale au fil du temps et apporte au jardin des zones très lumineuses. S'il neige, leur apparition a quelque chose de féerique. Le manteau neigeux percé par endroits par les fleurs, dont la couleur jaune tranche nettement sur le blanc pur des cristaux, est un ravissement. Le milieu d'origine de cette petite plante étant montagnard, vous en trouverez parmi les multiples espèces présentées au jardin alpin du Jardin des Plantes à Paris. Le site ouvre ses portes au public au début du mois de mars; si vous passez dans le coin, ne manquez pas la fin de son éclatante floraison.

Eranthis hyemalis

Milieu d'origine: Montagnes du sud de la France à la Bulgarie.
Culture: Dans un sol riche en humus, à mi-ombre. Les sols alcalins sont très appréciés par cette espèce qui peut alors former de grandes colonies.
Plantation: En automne, on plante les tubercules à 5 cm de profondeur sans trop les espacer. Veillez à ce que ceux-ci ne soient pas trop desséchés, auquel cas, vous pouvez les faire tremper 24 heures dans l'eau pour faciliter la reprise.
Rusticité: Très bonne, jusqu'à -25 °C.
À voir: Au jardin alpin du Jardin des Plantes (Paris).

Campanule des Canaries

De la famille des Campanulacées, le genre *Canarina* compte 3 espèces d'herbacées grimpantes à racines tubéreuses. La campanule des Canaries peut grimper jusqu'à 3 m et fleurit entre février et mai.

FÉERIE DE CLOCHETTES

Plus exotique que nos petites campanules bleues, voici une campanulacée qui peut franchement grimper! Avec ses fleurs en clochettes rouge orangé orientées vers le bas, pouvant mesurer jusqu'à 6 cm, la grimpante des Canaries éblouit par sa beauté. Chaque fleur solitaire naît au bout d'un court pédoncule vert à pourpre, à l'aisselle des feuilles supérieures de l'herbacée. La corolle délicatement veinée se termine en 6 lobes pointus et retroussés, et repose sur le calice vert tendre. Le feuillage disparaît en été et revient à l'automne. Il est composé de feuilles simples, opposées, lancéolées à triangulaires. Les tiges charnues et ramifiées contiennent du latex. Dans les régions chaudes, les clochettes de l'herbacée, qui peut s'étendre sur 1 m de large et monter sur 3 m, cascadent de manière ravissante.

UNE GRIMPANTE FRILEUSE

La campanule des Canaries redoute les climats froids. Elle se cultive au jardin méditerranéen ou en véranda bien lumineuse dans les autres régions du pays. Comme toute grimpante, elle aura besoin d'un support où s'accrocher. Les fleurs en clochettes attirent les insectes butineurs, notamment des papillons. Et sur le continent américain, des colibris.

Canarina canariensis

Milieu d'origine: Forêts et lisières aux îles Canaries.
Culture: En serre ou véranda, et dans les jardins de climat méditerranéen, dans un sol fertile, bien drainé, à mi-ombre. Redoute la sécheresse et l'excès d'eau au pied.
Plantation: Dans un mélange de terre de jardin et de terreau universel, avec de la perlite. Ne pas arroser durant la période de dormance (mai-juin), et veillez à ce que la grimpante soit à l'abri de fortes pluies au niveau de sa souche. Le paillage est tout indiqué.
Rusticité: Non rustique, pas en dessous de 5°C.
À voir: À l'Arboretum de Versailles-Chèvreloup (Yvelines) et au Jardin botanique Val Rahmeh-Menton (Alpes-Maritimes).

Mimosa de Wyalong

De la famille des Fabacées, le genre *Acacia* compte plus de 1000 espèces d'arbres, d'arbustes et de plantes grimpantes. Celui-ci est un arbuste de 3 m de haut, bien ramifié, au port compact et retombant, dont la floraison abondante se produit de février à fin mars.

⊖ JOYEUX POMPONS

On connaît le mimosa pour ses belles grappes de fleurs au parfum subtil. Cet arbuste, par son port élégant et ses inflorescences, sème de la joie dans nos cœurs avant la venue du printemps. Vous pourrez vous réjouir du spectacle en le plantant de façon isolée, ou en haie libre, l'arbuste ayant tendance à se développer plus en largeur qu'en hauteur. Il supporte aussi les embruns et peut être cultivé dans un gros pot sur une terrasse. Toute l'année, il conjugue grâce et luminosité.

⊖ DES FLEURS COMESTIBLES

Le mimosa de Wyalong est réputé pour sa rusticité et la teinte vert bronze de son feuillage persistant, à folioles arrondies tel un cœur (d'où son nom d'espèce *cardiophylla*). Il est de culture assez facile et embaume de ses effluves sucrés la fin de l'hiver, qu'il colore gracieusement de ses pompons jaune vif. En réalité, ces pompons sont des glomérules composés de plusieurs dizaines de petites fleurs... comestibles! Fraîchement cueillies, vous pourrez les préparer dans des boissons (type smoothie), en sirop ou en gelée. Attention, seules les fleurs se mangent, les autres parties de l'arbuste sont toxiques.

Acacia cardiophylla

Milieu d'origine: Forêts d'eucalyptus ou zones boisées rivulaires d'Australie.
Culture: Sol léger et drainé, neutre à acide, en plein soleil. Tolère la sécheresse. Fleurit davantage au soleil, tolère la mi-ombre.
Plantation: Au printemps, dans un mélange de terre de jardin et de terreau. Ajoutez de la terre de bruyère si votre sol est plutôt calcaire. Plantez à l'abri du vent. Paillez, en novembre, sur une bonne épaisseur pour protéger les racines d'éventuels épisodes de gel.
Taille: Après la floraison, réduire les branches pour conserver une belle symétrie et un port compact.
Rusticité: Plutôt bonne, jusqu'à -10 °C.
À voir: Au Jardin botanique Val Rahmeh-Menton (Alpes-Maritimes).

S'INSPIRER : LES ORCHIDÉES

ARBORETUM DE VERSAILLES-CHÈVRELOUP (YVELINES)

Cultivées et observées de près par Darwin, qui pensait que les orchidées étaient le sujet le plus passionnant à étudier, ces plantes épiphytes ou terrestres exercent sur nous une fascination sans cesse renouvelée. Elles appartiennent à la famille la plus diversifiée et la plus complexe du règne végétal. Très spécialisées, elles ont développé des stratégies de reproduction sexuée et adaptatives surprenantes. Les orchidées ont créé au fil de l'évolution des partenariats précis et uniques avec les deux règnes, végétal et animal. Certaines ont développé des qualités mimétiques difficiles à interpréter. Nous évoquerons le cas de l'ophrys abeille (page 113), une orchidée terrestre qui émet l'odeur d'une abeille femelle solitaire du genre *Eucera* pour attirer l'insecte mâle et être pollinisée. Mais il existe une orchidée qui, par coévolution, attire des papillons en prenant l'apparence (couleur, forme) de fleurs d'une autre famille : c'est le cas de l'orchidée *Disa ferruginea* qui, n'ayant rien à offrir en termes de collation sucrée au papillon *Aeropetes tulbaghia* « imite » les fleurs du tison de Satan (*Kniphofia uvaria*), une asphodélacée nectarifère de son milieu ! Quant aux champignons, ils sont nécessaires à la germination des graines des orchidacées, car celles-ci n'ont pas de réserves nutritionnelles à apporter à l'embryon. En s'associant avec un champignon spécialisé, l'embryon nourri se développe. On parle de « symbiose mycorhizienne ».

Il y aurait des centaines d'histoires à raconter sur ces fleurs étonnantes, minuscules ou impressionnantes, mais toujours hautement séduisantes. Elles sont d'ailleurs fêtées chaque année au Jardin des Plantes à Paris, en février-mars.

MILLE ET UNE ORCHIDÉES

En 2023, les Grandes Serres du Jardin des Plantes ont fêté le dixième anniversaire d'un rendez-vous devenu incontournable pour les amateurs d'orchidées. Dans une scénographie végétale chaque année réinventée, 700 plantes donnent aux visiteurs un bel aperçu de la diversité des orchidacées. Des animations pédagogiques pour comprendre leur sexualité inventive ou leurs divers milieux, des ateliers de rempotage, des rencontres avec des spécialistes et une boutique éphémère de 150 m^2 où l'on peut acquérir de fabuleuses plantes cultivées par des passionnés participent à la magie de cet événement unique. Mais d'où viennent les orchidées si joliment présentées dans les serres ? De l'Arboretum de Versailles-Chèvreloup, où elles sont chouchoutées toutes l'année par les jardiniers de la serre tropicale.

UNE COLLECTION PERDUE… ET « RETROUVÉE »

La collection d'orchidées commence au Muséum au XVIIIe siècle et s'enrichit durant deux cent cinquante ans ; hélas, lors de la Seconde Guerre mondiale, elle fut perdue. À partir des années 1960, elle a été reconstituée petit à petit avec des plantes principalement originaires de l'Asie du Sud-Est et de Madagascar. Aujourd'hui, dans les serres tropicales de l'Arboretum de Versailles-Chèvreloup, elle comprend 600 espèces et environ 1600 plantes. Pour les chercheurs, c'est une aubaine. D'autant qu'à la Galerie de botanique du Jardin des Plantes, où se trouve l'Herbier national, 92 000 spécimens d'orchidacées ont été numérisés et mis à disposition en ligne.

1

2

4

3

Page précédente : Rynchostele hortensiae. *1.* Coelogyne speciosa *'Alba'.* *2.* Paphiopedilum sp. *3.* Phalaenopsis spica. *4.* Epidendrum secundum.

QUELLES ORCHIDÉES CHOISIR ?

Parmi les dizaines de milliers d'orchidées (on en recense environ 30 000 à l'état sauvage, et 100 000 hybrides), il n'est pas facile de savoir quels espèces ou cultivars accueillir en véranda ou au jardin. Cette petite sélection peut vous y aider.

Au jardin

Voici 3 orchidées rustiques à utiliser en massif, bordure d'allée ou rocaille.

• L'orchidée jacinthe (*Bletilla striata*) fleurit au début de l'été avec, selon les cultivars, des hampes florales blanches, roses ou bleues. C'est une jolie orchidée terrestre d'une cinquantaine de centimètres de haut et de large qui apprécie la mi-ombre. Facile à cultiver, elle aime les sols frais en été et redoute l'excès d'eau en hiver.

1

3

2

1. Bulbophyllum pseudopicturatum. 2. Epidendrum ibaguense. 3. Phragmipedium × calurum (Sedenii × longifolium). 4. Polystachia paniculata.

• Le sabot de Vénus (*Cypripedium*) ne craint pas les températures négatives et donne une ou deux fleurs par hampe, d'une grande beauté, en mai-juin. À planter dans un sol pauvre, même calcaire, frais et bien drainé, à mi-ombre.

• L'hélléborine (*Epipactis gigantea*) produit des inflorescences dans des teintes de brun, de rouge et de jaune orangé de mai à juillet. Cette grande orchidée terrestre (80 cm de haut) aime les sols frais, légers à tendance acide. À planter au soleil ou à mi-ombre.

À l'intérieur

• Le genre *Oncidium* apprécie une bonne luminosité. Il s'agit d'orchidées épiphytes de milieu forestier tropical (Amérique du Sud). Cultivées en pot, elles seront placées près d'une fenêtre et auront besoin pour fleurir d'une différence de température entre la nuit et le jour. Le substrat ? De l'écorce de pin, de la vermiculite et de l'argile expansée. Arrosez une fois par semaine, ajoutez dans l'eau de l'engrais liquide spécifique entre avril et septembre et vaporisez régulièrement la base de la plante durant la floraison.

• Le genre *Vanda* et ses multiples cultivars hybrides se cultivent dans des paniers ou des contenants ajourés suspendus, afin que les racines soient à l'air. Par exemple, sous une fenêtre de toit, dans une véranda ou une salle de bains très lumineuses. Ces orchidées sont à bassiner - presque tous les jours en été, et une fois par semaine en hiver. En période de croissance, vous ajouterez de l'engrais liquide pour orchidées à votre eau non calcaire. La floraison intervient après une période de fraîcheur et un retour de la chaleur : vous pourrez placer la plante devant une fenêtre ouverte la nuit ou, en hiver, la mettre dans une pièce peu chauffée.

• Le genre *Miltonia* est indiqué si vous possédez une serre. Le substrat ? Un mélange d'écorces de conifère, de tourbe fibreuse et de mousse de polyuréthane. Ces orchidées apprécient la lumière vive sans soleil direct et redoutent les courants d'air. Pour les voir fleurir, une alternance de nuits fraîches (15 °C) et de journées chaudes (25 °C) sera nécessaire.

→ Pensez à rempoter vos orchidées tous les deux ou trois ans (voir page 91).

03

Certains insectes se réveillent, comme la coccinelle.

mars

Précieux auxiliaire de nos jardins, la coccinelle a passé l'hiver sous des pierres, dans des souches d'arbres ou même dans nos maisons.

Dès les premières lueurs du printemps, elle cherche à se reproduire et à butiner. Ce n'est peut-être pas encore le temps pour le coléoptère de déménager et d'habiter sur nos plantes. Mars, après tout, reste le mois des giboulées. Il fait frais. Dans les ruches, les abeilles nées en automne continuent de veiller, par les muscles de leur thorax, sur la température. Celle-ci ne peut baisser en dessous de 13 °C, sous peine de menacer la vie de la colonie. Quand le temps est clément, ces ouvrières sortent tout de même. Elles rejettent les déchets de la ruche et effectuent un vol dit « de propreté », butinant au passage les jolies fleurs de mars. Le sol commence à se réchauffer doucement. Dès lors, vous pouvez profiter de ce mois « guerrier » pour, la fleur au fusil, préparer la terre : elle accueillera les premiers semis de l'année. Et, encore et toujours, soigner vos arbustes. Les fusains attendent leur taille d'entretien. Le citronnier peut être bouturé à l'étouffée. La période est aussi idéale pour faire des semis d'annuelles à chaud… Au boulot !

LES BONS GESTES EN MARS

Préparer le sol pour la germination des semences

→ Il existe plusieurs techniques pour préparer son sol pour les semis. Dans tous les cas, une préparation adaptée doit permettre de fournir aux plantes les nutriments nécessaires à leur croissance et à l'eau de s'infiltrer correctement. Cette préparation a pour but une aération essentielle à la respiration des racines. Elle doit se faire en cherchant à préserver aussi au maximum la vie dans le sol.

QUE PEUT-ON SEMER DIRECTEMENT EN MARS ? (HORS PÉRIODE DE GEL ET EN SOL RESSUYÉ)

LES BETTES À CARDE
LES BETTERAVES
LES CENTAURÉES
LE CHOU-FLEUR D'ÉTÉ
LES COQUELICOTS
LES ÉPINARDS D'ÉTÉ
LES FÈVES
LE MAÏS
LES NAVETS (CULTIVARS PRÉCOCES)
LES NIGELLES DE DAMAS
LES OIGNONS DE PRINTEMPS
LES PAVOTS DE CALIFORNIE
LES PIEDS D'ALOUETTE
LES POIS DE SENTEUR
LES POIREAUX
LES RADIS D'ÉTÉ

Bouturer un citronnier

→ Amoureux des citrons, il est temps de multiplier par bouturage vos variétés préférées. Après la récolte des fruits, et lorsque les beaux jours pointent, le bouturage de citronnier fait partie des activités agréables au jardin, une technique accessible pourvu que l'on respecte quelques petites astuces. Pour ce faire, on pratique une bouture herbacée à l'étouffée. Vous trouverez pages 66-67 la méthode et la liste des outils dont vous aurez besoin.

Faire ses semis sous abri

→ Nombreuses sont les plantes qui, pour germer et entamer leur vie de plantule, ont besoin de conditions spécifiques : températures plus ou moins élevées et stables, humidité ou au contraire chaleur sèche, lumière indirecte, substrat approprié, etc. Dans leur habitat naturel, les graines germent quand les conditions environnementales sont réunies et selon des facteurs propres à l'évolution. C'est-à-dire à l'histoire des espèces avec leur milieu. Les graines des plantes pyrophytes, par exemple, ont appris à germer avec le feu. D'autres doivent entrer en contact avec les sucs gastriques de l'estomac de leur disséminateur... Bref, toutes les graines ne germent pas de la même manière. Lorsqu'on travaille à la production, il faut connaître ces besoins. De l'Arboretum de Versailles-Chèvreloup, des milliers de plantes cultivées depuis la graine, mais aussi par bouturage, sortent chaque année afin de fleurir les jardins du Muséum. Nous avons rendu visite à la responsable de production et récolté ses précieux conseils (voir pages 68-69).

Tailler ses fusains caducs ou persistants

→ Planter des fusains au jardin fait le bonheur des oiseaux en automne. Si leurs baies nous plaisent pour leur aspect ornemental, nos amis à plumes y trouvent des nutriments et des antioxydants très utiles avant la venue du froid. Les rouges-gorges, les merles, les étourneaux se régalent des fruits du fusain d'Europe, par exemple. Pour nous, ces arbustes sont toxiques. Vous les taillerez afin de les garder en bonne santé. Les variétés de fusains à feuilles caduques se taillent en hiver, tandis que les variétés persistantes se taillent au début du printemps et à la fin de l'été.

QUELQUES ESPÈCES ET VARIÉTÉS DE FUSAINS À PLANTER AU JARDIN

- **LE FUSAIN AILÉ**, CADUC, POUR SON PORT ARRONDI, SON ÉCORCE « AILÉE », C'EST-À-DIRE BORDÉE DE LIÈGE, ET SON FEUILLAGE ROUGE FLAMBOYANT EN AUTOMNE.
- **LE FUSAIN LIÈGE DE CHINE**, CADUC, POUR SON ÉCORCE BORDÉE DE LIÈGE ET SES FRUITS ROSES.
- **LE FUSAIN D'EUROPE 'RED CASCADE'**, CADUC, POUR SES FRUITS CHARMANTS EN BONNET D'ÉVÊQUE ET SES FEUILLES COULEUR FEU EN AUTOMNE.
- **LE FUSAIN DE FORTUNE 'HARLEQUIN'**, PERSISTANT, POUR SON JOLI FEUILLAGE PANACHÉ ET SON PORT RAMPANT.
- **LE FUSAIN DE FORTUNE 'EMERALD AND GOLD'**, PERSISTANT, POUR SON PORT ÉTALÉ ET BUISSONNANT, SES FRUITS BLANCS ET SON FEUILLAGE D'OR.
- **LE FUSAIN DU JAPON 'BRAVO'**, PERSISTANT, POUR SES FEUILLES BORDÉES DE BLANC ET SES RAMEAUX DRESSÉS.
- **LE FUSAIN DU JAPON 'PALOMA BLANCA'**, PERSISTANT, POUR SON PORT COMPACT, SA PETITE TAILLE ET SES JEUNES POUSSES BLANCHES.

S'inspirer

→ Serait-ce « la vie en rose » au jardin ? Dès le mois de mars, les fleurs de l'azalée mucronée sont en éclosion. Tout comme *Dombeya × cayeuxii*, un hybride spectaculaire. Ces plantes du mois sélectionnées par le Muséum nous feraient presque rosir de plaisir, tant elles sont belles. Quant aux variations des couleurs du genre *Fuchsia*, elles sont à découvrir à l'Arboretum de Versailles-Chèvreloup. Les serres vous ouvrent leurs portes. Bienvenue au cœur de l'une des plus importantes collections de fuchsias en Europe !

LE TRAVAIL DU SOL

La préparation du sol pour l'implantation d'une plate-bande fleurie permet d'obtenir une terre ameublie. Cela crée un meilleur environnement de croissance pour les plantes, en permettant la circulation de l'air et de l'eau dans le sol et la pénétration des racines. Le travail du sol est aussi le moment idéal pour y incorporer du compost ou de l'engrais organique. Le sol est alors enrichi en nutriments essentiels pour la croissance des fleurs. Cette préparation s'achève par nivellement fin de la surface, nécessaire à une meilleure esthétique de la composition végétale choisie.

Outils

Une grelinette ou une campagnole, une fourche-bêche, une griffe, un râteau, des gants.

MÉTHODE À LA GRELINETTE

1 → Agissez quand les températures sont devenues douces, car les semis auront besoin pour pousser d'un sol réchauffé.

2 → Avec la grelinette à 3, 4 ou 5 dents, aérez et décompactez la terre. Retirez à la main ou à la griffe les grosses racines et autres plantes indésirables. La grelinette s'utilise en plantant les dents de l'outil verticalement dans le sol, puis en exerçant un mouvement en avant en arrière.

3 → Répétez ces gestes tous les 20 cm, en reculant, sur toute la longueur de la zone à travailler.

4 → Ratissez toute la zone pour ameublir la terre et niveler le terrain. Aidez-vous du râteau pour créer des sillons. Ceux-ci serviront à vos semis.

5 → Si le sol est pauvre, déposez du compost ou du fumier. Et ratissez de nouveau.

6 → Si vous ne semez pas tout de suite, paillez avec un paillis de déchets verts, de corne torréfiée ou d'écorces. Ou bâchez.

UN POTAGER NON RETOURNÉ

Arrêter le travail du sol des parcelles potagères : c'est possible. Le paillage doit alors être constant toute l'année. Riche en matières organiques, il sera posé sur une bonne épaisseur et enrichi au gré des saisons. Ensuite, plutôt que des semis directs, on privilégie la plantation de plantules en godet. La bonne surprise est de ne plus avoir à désherber en permanence. Remuer la terre favorise la levée des graines enfouies et un enherbement conséquent.

LA TAILLE DU FUSAIN

Avant l'apparition de nouvelles pousses au printemps, il est bon de tailler ces jolis arbustes. Pour conserver leur silhouette, pour retirer des branches enchevêtrées et les rendre plus vigoureux. On ne les taille pas sévèrement ni forcément chaque année. Vous pratiquerez donc une taille minimale d'entretien.

Outils

Un sécateur désinfecté et bien aiguisé, des gants.

MÉTHODE

1 → Observez les branches et rabattez celles qui sont malades ou abîmées.

2 → Rabattez aussi celles qui se croisent ou poussent vers le centre de l'arbuste.

3 → Rééquilibrez la silhouette en raccourcissant un peu les branches.

4 → Si votre arbuste est âgé, taillez court afin de densifier la base.

LA BOUTURE DE CITRONNIER À L'ÉTOUFFÉE

03

SAVOIR-FAIRE

Cette technique, qui consiste à couvrir le rameau prélevé avec une cloche ou du film plastique, permet à la future plante qui n'a pas encore de racines de prélever l'eau par les feuilles dans son petit cocon fermé et saturé d'humidité.

Matériel

Un sécateur bien désinfecté, des godets de repiquage, des cloches en verre ou plastique, ou du film.

MÉTHODE

1 → Repérez les futurs rameaux boutures. Ceux-ci doivent être jeunes, tendres et bien sûr indemnes de maladie. Il s'agit donc de rameaux ayant poussé dans l'année.

2 → Coupez à l'aide d'un sécateur désinfecté le rameau au-dessus d'un nœud, à une vingtaine de centimètres. Mettez-le dans de l'eau si vous n'agissez pas tout de suite.

3 → Dans un godet de repiquage rempli de terreau pour semis qui contient de la perlite, vous allez pouvoir planter votre rameau bouture. Mais avant, il faudra le préparer.

4 → Pour préparer votre rameau bouture, coupez le bas du rameau sous un bourgeon, ôtez proprement au sécateur les feuilles en ne gardant que celles de tête (2 ou 3) et éventuellement 1 ou 2 à la base des ramifications du haut.

5 → Recoupez deux tiers de ces feuilles afin de limiter l'évapotranspiration et plantez votre bouture de sorte que la tige soit enfoncée de moitié dans la terre. Tassez la terre.

6 → Arrosez avec la pomme de votre arrosoir soigneusement mais copieusement.

7 → Couvrez votre godet à l'aide d'une cloche ou d'un film et placez celui-ci dans une véranda ensoleillée. En région chaude, préférez une exposition à mi-ombre.

8 → Arrosez régulièrement et observez de temps en temps ce qu'il se passe sous le godet. Il faut compter environ deux mois pour que les racines se développent bien.

9 → Retirez la cloche ou le film une fois les racines bien sorties des trous du godet. Votre citronnier est prêt pour un premier rempotage.

LES SEMIS SOUS ABRI

À l'Arboretum de Versailles-Chèvreloup, les semis se pratiquent sous de grandes serres, chauffées selon les besoins. Les toits blanchis au blanc d'Espagne préservent les plantules des rayons trop directs du soleil et permettent de maîtriser la hausse de température. Pour aérer, il est possible d'ouvrir certaines vitres du toit. Évidemment, en tant que particulier, nous ne possédons pas ce genre d'équipement. Mais nous pouvons faire nos semis sous châssis, à l'intérieur, ou en utilisant une mini-serre. Certains semis sont réalisés sous abri à chaud (18-20 °C), comme ceux des annuelles - c'est la méthode que nous vous présentons ici. D'autres semis se font sous serre froide. Cela dépend des espèces choisies.

Matériel

Une mini-serre ou des plaques alvéolées, du terreau de multiplication (léger, avec de la perlite), des graines (verveine, pétunia, lantana, sauge, scabieuse, rudbeckia, tabac, etc.); puis des godets et du terreau universel.

BON À SAVOIR

Les graines se conservent au frais, à l'abri de la lumière et de l'humidité. À l'intérieur, les annuelles peuvent être semées dès janvier, et les bisannuelles en été.

MÉTHODE

1. Sous votre abri à chaud (18-20 °C), semez une graine de l'espèce annuelle de votre choix par alvéole dans un terreau spécial semis et bouturage.
2. Notez la date du semis.
3. N'enfoncez pas la graine, la recouvrir d'une fine couche de substrat suffit.
4. Saupoudrez d'une poudre de charbon de bois en vue de prévenir les risques de maladies cryptogamiques.
5. Arrosez régulièrement et délicatement par brumisation.
6. Recouvrez d'un couvercle en plastique muni de petits trous d'aération.
7. Quand les racines pointent sous les alvéoles et que la plante a fait ses premières feuilles, prélevez la petite motte avec, par exemple, un pic à escargot.
8. Repiquez dans un godet (taille 7) avec du terreau universel.
9. Faites un pré-trou avec un crayon et placez le collet de la plantule à fleur de terre.
10. Arrosez au pommeau trois fois.
11. Une fois le système racinaire bien développé, plantez au jardin (en mai, après les risques de gelée en fonction des régions).

EN MARS, PRENEZ DE LA HAUTEUR !

Avec les coussins de fleurs bleu pâle du grémil, les fleurs roses en entonnoir d'une éricacée de milieu alpin, ou cette clématite poussant dans les forêts de Chine jusqu'à 2400 m d'altitude, les plantes de régions montagneuses sont à l'honneur ce mois-ci. On en profite pour donner du relief à nos jardins.

Clématite d'Armand

De la famille des Renonculacées, le genre *Clematis* compte près de 400 espèces de vivaces herbacées (à souche ligneuse), de plantes grimpantes à feuillage persistant ou caduc. La clématite d'Armand garde son feuillage en hiver et fleurit généreusement en mars-avril.

LE PÈRE ARMAND

Elle doit son nom d'espèce au missionnaire naturaliste qui a beaucoup collecté en Chine et envoyé au Muséum, à la fin du XIXe siècle, toutes sortes d'espèces animales et végétales. Elle embaume et embellit pergola, mur ensoleillé ou haie dans laquelle elle se sera enchevêtrée. D'autant que la liane peut atteindre, par ses tiges, 6 m de haut! On peut donc aussi la faire courir pour cacher un vilain grillage.

UNE CLÉMATITE PERSISTANTE

Son délicat parfum de vanille, ses feuilles pourpres au début de leur croissance et vertes ensuite, la profusion de ses fleurs d'un blanc pur en fin d'hiver font de cette clématite une incontournable de nos jardins. Les feuilles ovales et lancéolées, à 3 folioles, ont une belle longueur (jusqu'à 15 cm). Les pétioles se transforment en vrilles, ce qui offre à la grimpante de s'accrocher facilement. Quant aux fleurs en étoile, elles se développent en cyme au bout d'un pédoncule rose-pourpre et produisent de nombreuses étamines. Les premiers insectes, en particulier l'abeille domestique, s'en délectent. Par son feuillage persistant, elle peut aussi servir de refuge aux oiseaux.

Clematis armandii

Milieu d'origine : Zones montagneuses et forestières de Chine.

Culture : Dans un sol humifère et fertile, drainant, au soleil, à condition de l'abriter des vents dominants.

Plantation : Au printemps, vous planterez la motte bassinée de façon couchée dans un trou de 50 cm de diamètre et de profondeur, en veillant à ce que le pied reste à l'ombre. Déposez du sable ou du gravier au fond, utilisez un mélange de terre de jardin et de terreau universel et recouvrez les tiges ligneuses jusqu'à 20 cm. Un paillis de compost sera le bienvenu à la fin de l'automne. En été, une tuile au pied la prémunira du soleil.

Taille : Après la floraison, on supprime les tiges abîmées et le bois mort, puis on raccourcit les autres en vue de favoriser la formation des pousses de l'année suivante et de permettre à la plante de rester ramifiée à la base. Vous taillerez une tige sur 2 à 50 cm du sol.

Cultivars : *C. armandii* 'Apple Blossom', *C. armandii* 'Little White Charm'.

Rusticité : Plutôt bonne, jusqu'à -10 °C.

À voir : Au jardin alpin du Jardin des Plantes (Paris) et au Jardin botanique Val Rahmeh-Menton (Alpes-Maritimes).

Echeveria cuspidée

De la famille des Crassulacées, le genre *Echeveria* compte environ 200 espèces de plantes succulentes et de sous-arbrisseaux souvent persistants. Cette variété est connue pour ses mucrons (à l'extrémité des feuilles) rouge violacé et ses hampes florales aux fleurs rose orangé, qui éclosent de mars à mai.

JOLIES PIERRES ROSE FEU

On aime les echeverias pour la beauté géométrique de leurs rosettes spiralées, les couleurs subtiles de leurs feuilles charnues et de leurs inflorescences. Ces dernières nous séduisent par leurs boutons roses qui en s'ouvrant révèlent l'intérieur orangé d'une corolle en urne. Les sépales vert bleuté comme les feuilles ont aussi quelque chose de charmant. Les fleurs à 5 pétales s'épanouissent en cyme sur une tige dressée qui se courbe à l'apex. Les feuilles lisses et spatulées (en forme de cuillère) sont recouvertes d'une couche cireuse, la pruine, qui donne une teinte bleu argenté à la rosette. La pruine protège la plante succulente dans son habitat naturel des rayons brûlants du soleil.

ACCROC AU SOLEIL

Si vous voulez voir fleurir votre echeveria, pensez à lui donner quelques heures de soleil direct par jour. Vous la placerez près d'une fenêtre au sud. Il existe de nombreuses variétés et moult cultivars que vous pourrez associer dans des contenants décoratifs du moment qu'ils soient percés.

Echeveria cuspidata var. *zaragozae*

Milieu d'origine: Collines de gypse et zones semi-désertiques autour de Zaragoza (Mexique).
Culture: Dans un sol pauvre drainant, en plein soleil. En pot, dans un terreau pour cactées.
Plantation: N'étant pas rustiques, les echeverias seront plantées en pot, pour pouvoir être rentrées dès que le temps se refroidit. Très peu d'arrosage en hiver; ajoutez une fois par mois de l'engrais très dilué dans de l'eau en début de croissance. En région chaude, il est possible de sortir la plante dès le printemps (minimum 15 °C).
Multiplication: Boutures de feuilles en mai dans un substrat très sableux.
Nuisibles éventuels: Cochenilles.
Rusticité: Non rustique, pas en dessous de 7 °C.
À voir: Dans les serres de l'Arboretum de Versailles-Chèvreloup (Yvelines).

Azalée mucronée

De la famille des Éricacées, le genre *Rhododendron* compte plus de 1 000 espèces d'arbres et d'arbustes persistants ou caducs. L'azalée mucronée, à feuillage caduc et au port dressé, est un arbuste de petite taille qui fleurit en mars-avril (parfois plus tôt).

UNE ÉCLOSION PRÉCOCE

Parmi les très nombreuses espèces et cultivars de rhododendrons, l'azalée mucronée a la délicatesse de rosir nos jardins en fin d'hiver. Ses fleurs en entonnoir nous ravissent. Et les abeilles en sont friandes, y récoltant un généreux nectar. Pour peu que la température extérieure soit douce (au-dessus de 10 °C), vous pourrez les observez au cœur des corolles rose pâle à rose violacé de l'arbuste. Sous d'autres climats, les colibris les visitent également. Côté feuillage, le végétal n'est pas en reste. Les feuilles vert moyen, simples, alternes et lancéolées naissent après la floraison et virent en automne du jaune au cramoisi.

UNE PLANTE (PRESQUE) TOUT-TERRAIN

Ce n'est pas une plante difficile, mais elle se plaît en sol frais, en climat océanique ou continental. Vous pouvez l'utiliser en massif, en petit groupe sur une pelouse, en bordure ou isolée. Si votre sol est argileux, plantez votre azalée dans un grand bac enterré et rempli de terre de bruyère, qu'elle apprécie. Une culture en pot sur une terrasse lui conviendra également.

Rhododendron mucronulatum

Milieu d'origine : Sous-bois de conifères, toundras alpines d'Extrême-Orient (Japon, Corée, Sibérie, Mongolie).
Culture : Dans un sol humifère drainant et acide, à mi-ombre.
Plantation : En automne, dans un trou profond et large, avec un mélange de terreau, de terre de bruyère et de compost. Placer un feutre de géotextile au fond du trou peut se révéler utile. Au fil des ans, concocter un paillis de fumier de cheval, de corne râpée et de terre de bruyère préservera la souche et les racines. Privilégiez l'eau de pluie pour l'arrosage car l'arbuste redoute le calcaire.
Multiplication : Par marcottage, ou bouture en été de pousses de l'année dans un mélange sablonneux que vous garderez au chaud (20 °C) jusqu'au printemps suivant.
Cultivar : *R. mucronulatum* 'Cornell Pink'.
Nuisibles éventuels : Cochenilles, aleurodes et pucerons.
Rusticité : Très bonne, jusqu'à -20 °C.
À voir : Au jardin alpin du Jardin des Plantes (Paris).

Rose du Mexique

De la famille des Malvacées, le genre *Dombeya* compte plusieurs centaines d'espèces d'arbres et d'arbustes caducs ou persistants. Celui-ci est un hybride issu du croisement entre *Dombeya burgessiae* et *Dombeya wallichii.* Il fleurit de novembre à mars.

UN HYBRIDE FAMEUX

Créé par le grand ingénieur horticole Henri Cayeux à la fin du XIXe siècle, cet arbuste offre une floraison spectaculaire pendant près de cinq mois. Il peut atteindre 3 m de haut, se cultive en terre sous climat méditerranéen et en pot dans les régions plus froides. Avec ses inflorescences roses et pendantes, il nous invite à la rêverie.

« BOULE ROSE »

Ses grandes feuilles pétiolées, alternes, vert tendre et duveteuses sont en forme de cœur. L'inflorescence au bout d'une longue tige comprend une trentaine de fleurs d'un joli rose tendre, qui font penser à celles de l'hortensia même s'il n'est pas de la même famille. La rose du Mexique également connue sous le nom de « boule rose » ravit les âmes romantiques et émerveille les enfants. Tous ces pompons qui sentent un peu le caramel ne ressemblent-ils pas à des bonbons géants ? Si vous étiez une abeille, vous pourriez vous délecter des nombreuses étamines ainsi que du nectar floral. Mais admirer cette exceptionnelle floraison en buvant une tisane sucrée au miel ne sera pas mal non plus !

Dombeya × cayeuxii

Milieu d'origine : Les *Dombeya* poussent dans les forêts tropicales en Afrique, à Madagascar et aux îles Mascareignes. Celui-ci est d'origine horticole.
Culture : En serre, au soleil, dans un mélange de terreau et de terre franche, ou à l'extérieur en région chaude (Côte d'Azur), dans un sol fertile, frais et drainant, à l'abri du vent. Hivernez la plante si vous la cultivez dans des régions plus fraîches.
Plantation : Au printemps, en amendant la terre de sable grossier et en ajoutant du compost au fond du trou. Ou dans un grand pot.
Taille : Vous réduirez les rameaux de façon à conserver un port harmonieux.
Rusticité : Non rustique, pas en dessous de 5 °C.
À voir : Au Jardin des Plantes (Paris) et au Jardin botanique Val Rahmeh-Menton (Alpes-Maritimes).

Grémil

De la famille des Borraginacées, le genre *Lithodora* compte 3 espèces d'arbustes et de sous-arbrisseaux à feuillage persistant. Celui-ci s'étale et forme de jolis coussins de fleurs blanches à bleu pâle en fin d'hiver et jusqu'en été.

UNE ROCAILLE BLEUTÉE

Si vous avez envie d'aménager une rocaille pour donner du relief à votre jardin, ce grémil avec ses fleurs bleu pastel qui dégringoleront la pente fera partie de vos chouchous ! On le sait : la nature a horreur du vide… Ce ravissant lithodora de Grèce prendra avec le temps une belle ampleur.

IL A TOUS LES ATOUTS

L'arbuste de petite taille (30 cm de haut environ), au port bien ramifié, s'étire dès les premiers rayons doux du soleil, offrant une floraison longue et profuse au bout de ses feuilles coriaces vert foncé. Les petites fleurs tubulaires sont nectarifères et visitées par les papillons. Le grémil est aussi un excellent couvre-sol qui protège de l'érosion, offre à la microfaune des refuges et de l'ombre durant les mois chauds par son feuillage.

Lithodora zahnii

Milieu d'origine : Zones broussailleuses, lissières et montagnes du sud de la Grèce (Péloponnèse).
Culture : Sol léger, caillouteux et bien drainé (plutôt alcalin), en plein soleil. Tolère bien la sécheresse, craint les excès d'humidité.
Plantation : Au printemps (en mai), dans un trou de deux à trois fois la motte, en apportant à la terre du sable grossier ou du gravier pour faciliter le drainage.
Taille : Après la floraison, raccourcissez un peu les rameaux et éliminez les branches mortes.
Multiplication : Bouturage facile de rameau semi-aoûté en été.
Rusticité : Plutôt bonne, jusqu'à -10 °C.
À voir : Au jardin alpin du Jardin des Plantes (Paris).

S'INSPIRER : LES FUCHSIAS

ARBORETUM DE VERSAILLES-CHÈVRELOUP (YVELINES)

Nous connaissons en Europe le fuchsia depuis le début du XVIIIe siècle. Découvert à Saint-Domingue par le père Charles Plumier, botaniste du Roi-Soleil, il fut décrit à partir d'un petit arbuste à fleurs rouge brillant, baptisé *Fuchsia triphylla flore coccinea* en l'honneur du médecin botaniste Leonhart Fuchs. D'autres espèces furent ensuite introduites sur le continent européen et, au XIXe siècle, les horticulteurs se mirent à créer des hybrides pour obtenir des variétés à fleurs plus grandes et de nouvelles palettes de couleurs.

« PETITES DANSEUSES »

Le joli surnom donné à ces plantes délicates signale la grâce et la forme étonnante des sépales et des pétales de la fleur tubulaire, pendante et souvent bicolore. Le calice présente alors une autre couleur que la corolle. Au bout d'un fin et long pédoncule, la fleur avec ses sépales recourbés au-dessus de pétales formant une sorte de petit jupon « danse » parmi le feuillage. Le genre appartient à la famille des Onagracées, comme les onagres et les gauras, et comprend une centaine d'espèces et plus de 2500 cultivars. Les fleurs simples, semi-doubles ou doubles sont de belles dimensions, mais il en existe de minuscules à pétales peu visibles, voire inexistants. Tel le sous-arbrisseau rampant *Fuchsia procumbens*, à calice jaune et pollen bleuté.

Les fuchsias sont des arbres, des arbustes, des arbrisseaux originaires de zones montagneuses et forestières d'Amérique centrale et du Sud, ainsi que de Nouvelle-Zélande.

1

2

3

Page précédente : Fuchsia paniculata. *1.* Fuchsia boliviana. *2.* Fuchsia triphylla. *3.* Fuchsia magellanica.

⊛ LE JARDIN DES FUCHSIAS

La collection de l'Arboretum de Versailles-Chèvreloup a débuté par des cultivars dans les années 1970 et s'est enrichie au fil du temps. Dans les années 1990, des espèces récoltées dans leur milieu naturel au Pérou, au Venezuela et au Chili ont rejoint la collection. Aujourd'hui, celle-ci compte plus de 600 taxons (variétés, sous-espèces, cultivars), dont 72 fuchsias botaniques. Labellisée par le CCVS (Conservatoire des collections végétales spécialisées), elle constitue un patrimoine végétal historique et la deuxième plus importante collection de fuchsias d'Europe. La plupart des plantes sont conservées dans les serres de l'Arboretum, généralement fermées au public. Mais près de la butte aux Chênes, un « jardin de fuchsias » a été créé en vue d'observer les possibilités d'acclimatation de ces végétaux, qui craignent autant le gel que les canicules. Plantes d'ombre ou de mi-ombre, elles sont entourées par de grands arbres (des marronniers d'Inde, des érables sycomores) et se sont, dans l'ensemble, bien adaptées au froid hivernal comme à la sécheresse estivale. Un nouveau projet de mise en valeur de ce patrimoine est prévu : une grande serre ouverte au public leur sera destinée. Elle rassemblera la collection, avec une présentation, à l'extérieur, des fuchsias acclimatés.

⊛ QUELQUES CULTIVARS POUR VOTRE JARDIN

• ***Fuchsia* 'Ville de Rocquencourt'** Baptisé à l'Arboretum en 2009, produit de nombreuses fleurs rouges et violines de juin à octobre. Autofertile, il donne aussi des fruits. Si vous n'avez pas traité votre arbuste, ses petites baies noires sucrées seront à cueillir à la fin de l'été pour en faire de délicieuses confitures.

• ***Fuchsia* royal** Facile à cultiver, en sol frais et léger.
De croissance rapide, il fera partie de vos beaux arbustes d'ombre ou mi-ombre. Fruits également comestibles.

• ***Fuchsia* 'Phyllis'** Résiste bien au vent. De petite taille, la vivace produit des fleurs simples rose clair et pourpre. On peut l'utiliser en massif, en bordure ou en pot.

• ***Fuchsia* 'Blue Sarah'** Port touffu et érigé qui sera aussi vigoureux. Ses fleurs blanches et violines apporteront au jardin charme et originalité.

• ***Fuchsia magellanica* 'Riccartonii'** Protégé du vent, il s'adaptera au froid hivernal et repartira de la souche au printemps. Ses clochettes rouges et violettes enchanteront votre été à l'arrière d'un massif fleuri.

PRINTEMPS

Harmas Jean-Henri Fabre (Vaucluse)

C'EST L'UNE DE NOS SAISONS PRÉFÉRÉES AU JARDIN. Assister à la renaissance de nos belles endormies, observer les bourgeons, voir éclore nos printanières : ce rendez-vous annuel nous enchante. « Quand le crapaud chante, le beau temps s'avance », dit un vieux dicton !

Physiologie végétale

La température augmente progressivement et stimule la germination des graines et la reprise de la croissance végétative.

Période de croissance active.

Montée de sève brute depuis le sol.

Apparition de nouvelles feuilles et fleurs.

La photosynthèse, késako ?

Elle a lieu dans les chloroplastes - organites cellulaires chlorophylliens présents dans les feuilles - et consiste à transformer l'énergie lumineuse en énergie chimique. Explication : les feuilles portent également des stomates, c'est-à-dire des pores microscopiques qui peuvent s'ouvrir et se fermer. Le dioxyde de carbone de l'atmosphère est capté par ces pores. À partir du CO_2 et de l'eau de la sève brute, et grâce à l'énergie lumineuse, la plante fabrique du glucose : un sucre riche en énergie chimique. Une autre sève dite « élaborée » circule avec ce glucose en sens inverse, des feuilles vers les racines. La plante peut ainsi se nourrir, se développer et se reproduire.

La photosynthèse est essentielle à la vie sur terre : durant ce processus, les plantes rejettent de l'oxygène dans l'atmosphère.

En cette saison, il est bon de :

- Fertiliser les plantes en déposant à leur pied du compost bien décomposé pour stimuler la croissance et la floraison.
- Arroser régulièrement et surveiller les besoins en eau car les plantes ont tendance à en consommer davantage pendant leur croissance active.
- Tailler les arbustes à floraison printanière, comme les lilas ou les rhododendrons, juste après leur floraison. Cela permet de stimuler la production de nouvelles pousses pour la floraison de l'année suivante.
- Nettoyer les vivaces en supprimant les feuilles mortes, débris et résidus hivernaux pour permettre une nouvelle croissance saine.
- Multiplier par division les vivaces bien développées, qui sont serrées entre elles et ont besoin de retrouver une bonne croissance. Cela offre la possibilité de refleurir un massif ou une zone du jardin dégarnie.

04

Les oisillons du coucou gris sortent de leur nid… enfin pas vraiment !

avril

Les oisillons du coucou ne sont pas nourris par leurs parents, l'espèce pratiquant le parasitisme de couvée.

Le dos recouvert de 5000 piquants du hérisson se devine parmi les parcelles potagères : ça y est, il a quitté son refuge en quête de limaces. Leurs œufs éclosent ce mois-ci. Les ancolies s'apprêtent aussi à éclore ; leur nectar sera sucé par les insectes. Certaines espèces de papillons quittent leur chrysalide. Grâce à leurs antennes, ils perçoivent des odeurs qui les guident pour se nourrir et se reproduire. En d'autres mots, c'est le printemps ! Le jardin accueille les nouveaux cycles de la vie. Faune et flore entament leur ballet d'interdépendance et leurs relations mutualistes. Vous, jardiniers, vous en profitez pour réfléchir... Quelles plantes allez-vous choisir en pépinière ? Laisserez-vous une zone en friche au jardin pour observer les visiteurs ailés ? Et, dans un autre coin, pratiquerez-vous le faux semis en vue de moins désherber ? Par temps mauvais, vous rempoterez peut-être les belles espèces d'intérieur. Sans se découvrir d'un fil, et en enfilant vos gants...

LES BONS GESTES EN AVRIL

04 AVRIL

Choisir ses plants à la pépinière

→ Il existe de nombreux horticulteurs et pépiniéristes en France. Dans la filière, les pratiques écologiques sont de plus en plus fréquentes. Des terrains sont voués à la culture d'arbres, d'arbustes, de plantes alimentaires et de vivaces afin de servir aux semis et au bouturage, mais aussi d'agir pour la biodiversité.

POURQUOI ACHETER SES PLANTULES EN PÉPINIÈRE ?

- Les plantes sont produites sur place dans un substrat souvent créé par les producteurs (surtout en filière écologique).
- On sait ce que l'on achète et on peut observer les conditions de culture.
- On reçoit des conseils pour nos futures plantes par celles et ceux qui les produisent.
- Les jeunes plantes n'ont pas été transportées ; elles n'ont pas eu à subir de stress hydrique ou de variation de température.
- Elles arrivent chez nous en bonne santé.
- Les plants sont souvent moins chers qu'en jardinerie.

Désherber

→ Aïe... les plantes indésirables au jardin : quel travail de Sisyphe ! Ce n'est jamais fini ! Les jardiniers du Muséum passent beaucoup de temps à désherber. Il faut dire que ce sont des milieux reconstitués à protéger. Au jardin alpin du Jardin des Plantes à Paris, par exemple, le désherbage manuel est une activité quotidienne aux beaux jours. Mais pour vous et votre jardin ? Tout dépend de ce que vous aimez et cultivez. Certaines « herbes » peuvent être considérées comme des invitées surprises : vous les contrôlerez sans tout arracher, et les retirerez avant la montée en graines pour ne pas les propager. Si vous voulez donner à manger aux insectes et aux oiseaux, réserver un endroit du jardin à une friche leur sera bénéfique. Enfin, il existe différents gestes pour limiter la venue de ces indésirées. Vous trouverez dans les pages suivantes quelques conseils, ainsi que la méthode du faux semis, qui consiste à faire lever les graines d'adventices pour les éliminer avant vos plantations.

Rempoter ses plantes d'intérieur

→ Il existe différentes méthodes de rempotage en fonction des besoins de la plante et des espèces. D'une manière générale, on rempote une plante quand elle est à l'étroit, afin de ne pas gêner le processus de croissance et de renouveler les nutriments de la terre par l'ajout d'engrais. Toutefois, certains végétaux à croissance lente, ou au contraire dont la croissance est déjà conséquente, seront non pas rempotés mais surfacés. Dans ce cas, vous retirerez la terre en surface sur une épaisseur de 3-4 cm, puis la remplacerez par du compost. Ne rempotez pas une plante en pleine floraison, cela risquerait de trop la fatiguer et de détruire les bourgeons. Ni une plante malade, au risque d'aggraver la situation. Si vous désirez limiter la croissance d'une plante, surfacez au lieu de rempoter.

À QUOI VOIT-ON QU'UNE PLANTE A BESOIN D'ÊTRE REMPOTÉE ?

- Les racines sortent par le trou de drainage du fond du pot.
- La terre se dessèche trop rapidement après arrosage, ou reste humide en permanence.
- La plante a tendance à sortir du pot sous l'effet de la poussée de ses racines à l'étroit.
- La plante n'est pas stable dans son contenant et des racines apparaissent en surface.
- Les parties aériennes de la plante s'avèrent beaucoup plus importantes que le contenant.

SI C'EST UNE ORCHIDÉE…

Les orchidées de nos intérieurs ne poussent pas dans du terreau. Épiphytes, elles ont besoin d'un substrat aéré et léger, composé d'écorces de pin, de fibres de coco, de sphaigne, voire de perlite ou de billes d'argile. Pour leur donner des nutriments, il faut les fertiliser avec un engrais liquide spécial orchidées dans l'eau d'arrosage. En général, ces plantes se rempotent tous les deux ou trois ans, hors période de floraison. Quand ? Lorsque vous observez que les racines extérieures sortent du contenant et que votre orchidée est à l'étroit. Vous trouverez page 91 une méthode simple pour les rempoter.

S'inspirer

→ Le printemps donne des envies de renouveau. Au jardin, cela se traduit par l'accueil de nouvelles plantes. Pourquoi pas un arbuste tropical du genre *Erythrina*, dont les inflorescences orange vif créent la surprise ? Les plantes d'avril sélectionnées par le Muséum annoncent une saison haute en couleur. Quant à la collection d'aloès, à découvrir dans les serres tropicales de l'Arboretum de Versailles-Chèvreloup (pages 98-101), elle nous invite à nous interroger sur les innovations du règne végétal. Comment ces plantes merveilleuses se sont-elles acclimatées aux conditions de leur milieu si aride ? Une créativité inspirante !

À LA PÉPINIÈRE

Le mieux est de se rendre dans une pépinière de sa région. Sur Internet, vous obtiendrez des avis et des informations pour en sélectionner une ou plusieurs selon vos désirs. Il existe des labels (Ecocert, Plante Bleue, Fleur de France, Label Rouge, Agriculture Biologique...) ; leurs sites en ligne vous renseigneront sur les pépinières certifiées écoresponsables.

MÉTHODE

❶ → Faites la liste des plantes que vous aimeriez accueillir au printemps, en respectant bien entendu leurs futurs besoins (sol, exposition, espace de plantation, etc.).

❷ → Définissez la quantité - nombre de godets par espèce - et déterminez quelle utilisation vous prévoyez en amont (au massif, en isolé, en rocaille...). C'est toujours mieux de savoir ce que l'on désire acheter avant de se déplacer.

❸ → Choisissez votre pépinière en fonction de vos valeurs, de votre région et des plantes que vous recherchez.

❹ → Osez demander un rendez-vous. Nous sommes encore trop nombreux à penser que les pépiniéristes ne travaillent que pour des fournisseurs professionnels.

❺ → N'hésitez pas à questionner les producteurs sur leur travail et à leur demander des conseils.

❻ → Repartez avec vos « bébés » bien étiquetés et prenez-en soin !

LE DÉSHERBAGE

Pour limiter les plantes indésirables au jardin, le paillage est un moyen connu. Recouvrir d'une bâche un sol qui sera plus tard réservé aux semis ou au repiquage en est un autre. Devant un terrain en friche, poser simplement du carton permettra sans herbicide de retrouver une terre propice à la plantation. Quant à la pratique du faux semis, elle consiste à faire lever les graines des herbes folles qui ensuite seront éliminées.

Les outils manuels du désherbage sélectif

Pour désherber vos plates-bandes, massifs, rocailles et/ou parcelles potagères, il existe divers outils.

Les traditionnels : le sarcloir, le couteau et le râteau à désherber, la serfouette, la binette, le croc... et bien sûr la main !

Les moins connus : la U-binette, la binette Spork, la binette cœur, la ratissoire (pour le potager), la ratissoire à pousser pleine lune (pour les allées de gravier ou de sable).
Ces outils sont aussi efficaces au jardin que pour vous. Ils vous éviteront de vous « casser le dos » !

LA MÉTHODE DU FAUX SEMIS

1. Préparez la terre comme pour de vrais semis.
2. Aérez, nivelez, puis arrosez.
3. Laissez lever les graines en dormance.
4. Éliminez les indésirables au sarcloir.
5. Faites vos vrais semis ou vos repiquages.

LE REMPOTAGE

Si le printemps constitue la meilleure période pour le rempotage, c'est dû au fait que beaucoup de végétaux sortent de leur dormance hivernale à cette saison. Vous ne rempoterez pas une plante dans un contenant trop grand ou trop profond par rapport au précédent. Un pot un peu plus large et un peu plus haut lui permettra de mieux s'adapter au changement. Les plantes vertes d'intérieur apprécieront du terreau mélangé à de la tourbe et de l'engrais. Les plantes fleuries, un terreau universel enrichi avec de l'engrais. Les agrumes, un terreau spécial mélangé à de la terre franche… Adaptez vos mélanges selon vos espèces.

Matériel

Des pots et leurs soucoupes, un terreau spécial rempotage ou un mélange à faire selon les espèces, des gants.

MÉTHODE

1 → Sortez délicatement la motte de son contenant et vérifiez la bonne santé de la plante (pas d'araignées rouges, pas de pourriture, etc.).

2 → Décompactez la motte en libérant les racines afin d'éviter ce qu'on appelle « un chignon » (quand les racines tournent sur elles-mêmes).

3 → Prenez votre nouveau contenant et déposez au fond du gravier ou des billes d'argile pour le drainage.

4 → Ajoutez le terreau et centrez votre motte : le collet sera installé ni trop bas ni trop haut dans le pot. Il doit être à fleur de terre. Profitez de cette étape pour bien redresser votre plante et mettre un tuteur si besoin.

5 → Tassez avec les doigts sans lisser la terre, en veillant à ne laisser aucun trou d'air dans la terre.

6 → Arrosez copieusement. Puis, en fonction des conditions climatiques, dès que la surface est un peu sèche, en adaptant le dosage à votre nouveau contenant (un peu plus d'eau par arrosage).

REMPOTER UNE ORCHIDÉE

Les espèces d'orchidées les plus fréquentes dans nos intérieurs sont des épiphytes (dans leur milieu naturel, elles poussent en s'accrochant sur d'autres végétaux). C'est notamment le cas du genre *Phalaenopsis*. À l'exception de l'orchidée-bijou et de l'orchidée cymbidium, toutes les orchidées épiphytes peuvent être rempotées selon la même méthode. Leur rempotage est à réaliser tous les deux ou trois ans, après floraison.

Matériel

Munissez-vous d'un sécateur, de pots translucides percés ou de pots en terre cuite, d'un terreau spécial orchidées composé de copeaux d'écorce, de fibres de coco et de tourbe blonde, et d'une baguette en bois.

MÉTHODE

1 → Coupez les hampes défleuries à ½ cm du premier œil.

2 → Coupez les racines aériennes desséchées. Laissez les racines bien vertes, qui vous indiquent que votre orchidée est en bonne santé.

3 → Tapez sur le bord du pot pour dépoter votre plante.

4 → Retirez à la main l'ancien substrat fait d'écorces principalement.

5 → Équilibrez les racines en coupant quelques centimètres, afin que le volume des feuilles soit équivalent au volume des racines. Retirez les parties sèches.

6 → Mettez un peu de substrat au fond du pot et déposez votre orchidée.

7 → À l'aide d'une baguette, faites en sorte que le substrat soit posé partout autour des racines et qu'il y en ait jusqu'au bord du pot.

8 → Attendez une petite dizaine de jours avant d'arroser.

UN MOIS TAQUIN QUI NOUS VEUT DU BIEN

Avril nous accueille avec son célèbre poisson, puis nous séduit avec ses belles floraisons. La pivoine arbustive est en bourgeon. L'érythrine caffre s'apprête à nous offrir ses belles inflorescences orangées. Les cerisiers du Japon sont en éclosion. Les gentianes à grandes fleurs bleues sonnent les trompettes. Elles offriront, tout comme les ancolies, du nectar aux insectes.

Érythrine caffre

De la famille des Fabacées, le genre *Erythrina* compte plus de 100 espèces d'arbres, d'arbustes et de sous-arbrisseaux souvent épineux. L'érythrine caffre, à feuillage caduc, fleurit en belles grappes terminales d'avril à mai.

→ UN ARBRE NOURRICIER

Pollinisé par des passereaux dans son habitat d'origine, cet arbre nourrit aussi les singes, les rhinocéros, les éléphants et même les cochons de brousse ! Les singes apprécient les feuilles et les boutons floraux. Les rhinocéros noirs et les éléphants mangent l'écorce. Les cochons de brousse consomment les racines. Chez nous, moins inattendus mais tout aussi primordiaux, abeilles et autres insectes collectent le pollen.

→ DES INFLORESCENCES CORAIL

La fleur de l'érythrine caffre se fait remarquer par sa couleur, un orange écarlate très lumineux qui vaut à la plante le joli surnom d'« arbre corail ». Celui-ci produit ses boutons avant la feuillaison, dans de spectaculaires inflorescences en grappe, à l'extrémité des branches. En mai, les feuilles trifoliées vert tendre, à long pétiole épineux, apparaissent. En automne, les fruits, sous forme de gousses brunâtres pendantes, sortent. Quand elles se fendent, elles libèrent une dizaine de graines orangées.

Erythrina caffra

Milieu d'origine : Forêts tropicales humides et bosquets côtiers d'Afrique du Sud.
Culture : Dans un sol fertile, frais et bien drainé, en plein soleil.
Plantation : En serre ou en véranda dans un mélange de terreau et de terre du jardin. Au printemps, sur le littoral méditerranéen, dans un sol même pauvre, en apportant de l'engrais deux fois par mois au cours de l'arrosage.
Taille : Normalement, cet arbuste tropical n'a pas besoin d'être taillé. Mais on peut le cultiver en vivace et le rabattre en hiver au ras du sol, puis pailler le pied en vue de le protéger du froid et de courtes périodes de gel.
Autres espèces et cultivars : *E. variegata* 'Alba', *E. crista-galli* 'Compact', *Erytrhrina × bidwillii*.
Rusticité : Peu rustique, pas en dessous de -2 °C.
À voir : Au Jardin botanique Val Rahmeh-Menton (Alpes-Maritimes).

Gentiane à grandes fleurs

De la famille des Gentianacées, le genre *Gentiana* compte quelque centaines d'espèces d'herbacées annuelles, bisannuelles et de vivaces. Celle-ci est une vivace tapissante, de petite taille (10 cm), à feuillage semi-persistant. Ses fleurs en trompettes s'ouvrent le jour et se referment la nuit, d'avril à juin.

TROMPETTES ET MAIN VERTE

La vivace de milieu alpin représente un petit challenge pour les jardiniers. Elle n'est pas si facile à acclimater dans nos jardins. Il faut recréer le mieux possible son milieu naturel, à savoir un espace pierreux et un sol humifère. Comme elle apprécie le soleil non brûlant et une terre perméable qui reste fraîche, trouver l'endroit où elle se plaira ne va pas de soi. Mais quelle récompense si vous y parvenez. La couleur de ses fleurs solitaires est unique.

EMBLÉMATIQUE DE NOS MONTAGNES

Le bleu intense et lumineux de la corolle, composée de 5 pétales soudés, semble d'ailleurs défier aussi les peintres... C'est sûr, cette couleur ne sortira pas telle quelle du tube! Ses feuilles entières de 3-4 cm de long, en rosette basale, lancéolées et acuminées sont d'un vert lustré. On la dit « acaule », c'est-à-dire à tige non apparente, mais calice et corolle apparaissent bien au bout d'un court pédoncule. Si vous aimez la flore alpine, vous pourrez l'associer en rocaille ou au massif à des perce-neiges, aux panicauts des Alpes, aux chardons argentés, à l'edelweiss et aux crocus.

Gentiana acaulis

Milieu d'origine : Prairies, pâturages, zones rocailleuses de régions montagneuses (Alpes, Pyrénées).
Culture : Dans un sol humifère et drainant, au soleil ou à mi-ombre. En été, surtout en période caniculaire, vous ombragerez la zone pour éviter que les plants ne se dessèchent.
Plantation : En automne, dans un mélange de terre du jardin et de terreau de bruyère. Déposez du gravier au fond du trou pour le drainage. Il est bon de pailler son pied à l'aide de petites pierres, en vue de protéger le collet d'un excès d'humidité.
Nuisibles éventuels : Rouille, limaces.
Rusticité : Très bonne, jusqu'à -25 °C.
À voir : Au jardin alpin du Jardin des Plantes (Paris).

Ancolie commune

De la famille des Renonculacées, le genre *Aquilegia* compte une petite centaine d'espèces de vivaces réparties dans les bois clairs, les prairies et les montagnes de l'hémisphère Nord. Cette ancolie rustique forme de jolies touffes et déploie en grappe des fleurs de rose ou bleu intense d'avril à juin.

DES FLEURS ÉNERGISANTES

L'ancolie commune peut s'élancer jusqu'à 1 m de haut. Son feuillage est assez ornemental, avec des feuilles à 3 folioles lobées, glauques sur le revers. Le fruit, une capsule pleine de graines noirâtres, possède un certain charme. *Aquilegia* signifie « collecteur d'eau ». Pour comprendre la subtilité du terme, il faut se souvenir que le nectar est une eau pleine de sucre, et donc une source d'énergie primordiale pour de nombreux insectes.

DES BUTINEURS PARFOIS VOLEURS

Toutes les plantes ne possèdent pas de nectar, et si ressource il y a, elle se situe à différents endroits : sur la tige, sur les feuilles ou la fleur selon les espèces. Les jolies ancolies en proposent au niveau des éperons situés à la base de leurs 5 pétales. L'eau sucrée n'est pas toujours aisée à récolter depuis l'intérieur de la corolle, si bien que les bourdons ont tendance à se servir par l'extérieur, en cisaillant l'éperon. De ce fait, ils se servent sans visiter la fleur, tels de petits voleurs. Cela reste sans dommage pour l'herbacée vivace qui, avec ses nombreuses étamines, a de fortes chances d'être pollinisée.

Aquilegia vulgaris

Milieu d'origine : Montagnes d'Europe.
Culture : Dans un sol frais et bien drainé argilo-limoneux de préférence, mais aussi calcaire, au soleil.
Plantation : Vous pourrez faire les semis en pot sous châssis froid, à partir du printemps, dans un terreau léger et drainant, en recouvrant à peine les graines. La germination prend du temps. Vous installerez les plantules, en automne, en rocaille fraîche, massif ou bordure. En motte, vous distancerez de 30 cm les plants.
Autres espèces : *A. baluchistanica*, *A. coerulea*, *A. flabelatta*, *A. glandulosa*, *A. viridiflora*...
Nuisibles éventuels : Chenilles, pucerons, oïdium.
Rusticité : Très bonne, jusqu'à -25 °C.
À voir : Au jardin alpin du Jardin des Plantes (Paris).

Cerisier du Japon

De la famille des Rosacées, le genre *Prunus* compte 340 espèces d'arbres à feuillage caduc ou persistant et de très nombreuses variétés et moult cultivars. Les cerisiers du Japon (*Prunus* Groupe Sato-zakura) sont réputés pour leurs abondantes fleurs blanches à roses qui apparaissent dès le mois d'avril. Leurs écorces sont moins graphiques que celle, luisante, rouge à brun cuivré, du cerisier du Tibet (*Prunus serrula*).

POÉTIQUES *PRUNUS*

Au pays du Soleil levant, ils symbolisent le renouveau et donnent lieu à des cérémonies. On se réunit en famille sous les houppiers pour partager des mets savoureux et déguster une infusion de *sakura-cha* (une préparation de fleurs de cerisier en saumure dans du vinaigre de prune). Vous pouvez vous inspirer de ces traditions à l'Arboretum de Versailles-Chèvreloup, où une très belle collection de cerisiers japonais est à voir au sein de la zone horticole.

RAFFINEMENT AU JARDIN

De culture plutôt facile, rustique, le cerisier japonais ne vous demandera que peu de soins, mais fleurira davantage si vous le protégez des vents froids et si vous lui apportez de l'engrais en fin d'hiver. Dans un massif ou en isolé, la naissance en bouquets de ses fleurs à 5 sépales et 5 pétales arrondis au bout d'un long pédoncule, sur le bois d'un an, est un ravissement. D'autant qu'elles finissent par couvrir entièrement la ramure. Les feuilles vert tendre, lancéolées et à bord dentelé, se parent de jolies teintes jaune orangé en automne, avant de tomber.

Prunus Groupe Sato-zakura

Milieu d'origine : Bois et collines du Japon, de Corée et de Chine (pour les espèces ancestrales).
Culture : Dans tout type de sol drainant, même calcaire, mais plutôt frais. Au soleil.
Plantation : En automne, dans un trou profond et un mélange de terreau et de terre du jardin, en apportant du gravier pour le drainage. Paillez le pied, tuteurez si vous plantez un jeune cerisier, et offrez-lui du compost avant la floraison.
Taille : Non nécessaire, sauf pour contenir l'arbre, après la floraison, en coupant au-dessus d'un bourgeon vigoureux. Ou pour supprimer les rameaux morts et abîmés.
Cultivars : *P. serrulata* 'Kanzan', *P. serrulata* 'Ukon', *P. serrulata* 'Pink Perfection', *P. serrulata* 'Shirotae'.
Nuisibles éventuels : Chenilles et pucerons.
Rusticité : Très bonne, jusqu'à -20 °C.
À voir : Au Jardin des Plantes (Paris) et à l'Arboretum de Versailles-Chèvreloup (Yvelines).

Pivoine arbustive

De la famille des Paéoniacées, le genre *Paeonia* compte une trentaine d'espèces de vivaces herbacées, d'arbustes et de sous-arbrisseaux. En Asie, la pivoine arbustive a servi à de nombreux hybrides. La pivoine arbustive produit des fleurs simples en avril-mai.

FLEURS DE LÉGENDES

Comment ne pas admirer les grandes fleurs solitaires (jusqu'à 30 cm de diamètre selon les cultivars) aux pétales nombreux et finement découpés de la pivoine ? Cultivée en Chine depuis plus d'un millénaire, cette « reine des fleurs » ornait les plus beaux jardins des palais impériaux ; elle est à la source de nombreux contes et légendes. Mais la pivoine arbustive n'est pas toujours facile à cultiver. Il faut respecter ses besoins et la chouchouter, surtout au début de sa plantation (bien choisir l'emplacement, drainer le sol, arroser mais sans excès, l'abriter du vent, lui donner de l'espace, pailler sa souche et raccourcir les rameaux au début du printemps). De croissance lente, elle ne produira pas ses merveilleuses « boules » fleuries avant de s'être bien installée. Votre patience sera largement récompensée avec les années, et vous pourrez alors cueillir le fruit de votre réussite pour former de somptueux bouquets !

GUIDER LES POLLINISATEURS

Pour attirer les abeilles, les pétales de la pivoine sont à sillons iridescents. Ceux-ci reflètent les ultraviolets. De cette manière, la plante guide ses petits collecteurs vers le pistil.

Paeonia × suffruticosa

Milieu d'origine : Zones boisées d'altitude et lieux rocheux d'Europe centrale.
Culture : Sol humifère et frais, neutre à acide, bien drainé (apprécie très peu le calcaire). À mi-ombre ou soleil doux, à l'abri des vents froids.
Plantation : En automne, vous planterez en trou profond votre pivoine en ajoutant du sable à la terre (surtout si votre sol est lourd). Plutôt en isolé, car la pivoine arbustive a besoin d'espace pour bien se développer. Le point de greffe sera enterré à 5-10 cm de profondeur. Sa croissance lente nécessite une bonne surveillance l'été - arrosez régulièrement la première année pour maintenir le sol frais et paillez avec des matières organiques. Fertilisez en fin d'hiver avec du compost ou du fumier.
Taille : Juste pour garder un port harmonieux et supprimer les rameaux morts ou abîmés.
Cultivars et hybrides : *P. × suffruticosa* 'Rou Fu Rong', *P. × suffruticosa* 'Lan Bao Shi', *P. × suffruticosa* 'Xue Ta', *P. × suffruticosa* 'Lu Mu Ying Yu'.
Rusticité : Très bonne, jusqu'à -20 °C.
À voir : Dans divers sites du Muséum, et notamment à l'Harmas Jean-Henri Fabre (Vaucluse).

S'INSPIRER : LES ALOÈS

ARBORETUM DE VERSAILLES-CHÈVRELOUP (YVELINES)

Les aloès sont des plantes xérophytes, ce qui signifie qu'elles ont élaboré des stratégies pour survivre en milieux arides. On les trouve à l'état sauvage dans les savanes sèches et les déserts d'Afrique du Sud et de l'Est, de Madagascar, de l'archipel des Comores et de la péninsule Arabique. Leurs tissus épais et leurs feuilles généralement disposées en rosette servent de protection contre les rayons brûlants du soleil, ainsi qu'à capter et retenir la moindre goutte d'eau.
De la famille des Asphodélacées, il existe une grande diversité d'espèces d'*Aloe*. Certaines, de très petite taille - *Aloe aristata*, par exemple - ne dépassent pas 15 cm. D'autres sont arborescentes et mesurent jusqu'à 4 m de haut. Moins connues sont les espèces grimpantes comme *Aloe ciliaris*, atteignant une dizaine de mètres de hauteur.
Les inflorescences des aloès, au contraire des agaves qui ne fleurissent qu'une seule fois avant de mourir, s'épanouissent chaque année dans de bonnes conditions. Elles comprennent de nombreuses fleurs tubulaires s'ouvrant du bas vers le haut. Nectarifères, elles sont pollinisées dans leur habitat par des abeilles et des oiseaux (tels les souimangas). Les feuilles persistantes, souvent épineuses et dentées en bord de limbe, présentent une base plus large et une extrémité en pointe. Celles d'*Aloe ferox* mesurent plus de 1 m de long ! Les rosettes se développent, selon les espèces, au niveau du sol, ou au bout de rameaux ramifiés.

⊙ LE SUCCÈS D'UNE ESPÈCE

L'utilisation à des fins médicinales d'*Aloe vera* remonte à loin. Dans l'Antiquité, les hommes s'en servaient déjà pour soigner divers maux. *Aloe vera* a traversé toutes les civilisations les plus anciennes et demeure incontournable dans les médecines traditionnelles, ainsi que pour la fabrication de produits cosmétiques. La succulente a des propriétés digestives, laxatives, antifongiques, antivirales, cicatrisantes, hydratantes et anti-inflammatoires. Mais il vaut mieux ne pas la consommer telle quelle. L'OMS ne recommande pas sa consommation en cuisine, qui serait à terme cancérigène. Le gel interne des feuilles est bienfaiteur, mais pas le suc qui contient du latex.

1

2

3

Page précédente : Aloe vacillans. *1.* Aloe marlothii. *2.* Aloe arborescens *Mill.* *3.* Aloe arborescens. *4.* Aloe acutissima.

4

LA COLLECTION DU MUSÉUM

Dans les Grandes Serres du Jardin des Plantes de Paris, quelques espèces d'*Aloe* sont présentées au sein de la galerie des déserts, parmi les cactus et les euphorbes. Mais la plupart des aloès de la collection se trouvent aujourd'hui dans la serre réservée aux plantes de milieux arides de l'Arboretum de Versailles-Chèvreloup. Une centaine d'espèces sont visibles lors de journées portes ouvertes. Créées dans les années 1980, les serres de l'Arboretum, véritables chapelles de verre qui comportent aussi des tunnels, abritent 7000 plantes représentant 4400 espèces environ.
Les serres ont plusieurs fonctions : la conservation, la recréation de milieux variés adaptés aux végétaux cultivés (désert, forêt tropicale humide...), la recherche scientifique, la production et la présentation pédagogique. On ne le sait pas forcément, mais c'est aussi à l'Arboretum que sont produits, par semis, bouturage ou division, les végétaux qui embellissent, en automne et au printemps, l'allée centrale du Jardin des Plantes. 30000 plantes partent chaque année de l'Arboretum pour être livrées, en fonction des demandes spécifiques, dans les différents jardins botaniques du Muséum.

LA CULTURE DES ALOÈS

Si vous respectez les besoins de ces merveilleuses succulentes, il ne sera pas difficile de les entretenir. Elles aiment les sols pauvres, sableux, caillouteux, filtrants, la chaleur et la lumière. Sous climat méditerranéen, vous pouvez en cultiver, à l'abri du vent, en rocaille, sur une butte surélevée afin d'éviter tout excès d'humidité. Choisissez des espèces résistantes au froid, telles que *Aloe aristata*, *Aloe striatula* ou *Aloe polyphylla*. Ou plantez-les en pot plus large que profond, dans un mélange de terre franche, de sable, de perlite, ou un terreau pour cactées. Hivernez vos *Aloe* dans une véranda ou une serre peu chauffée (10-15 °C).

05

La plupart des oiseaux migrateurs sont revenus de leurs quartiers d'hiver.

mai

Certains oiseaux arrivent encore, comme le gobemouche gris, la rousserolle verderolle, la caille des blés, le loriot d'Europe.

Les hirondelles, qui bénéficient d'un statut de protection en France, ont retrouvé leurs nids qu'il est interdit de détruire. Ces oiseaux reviennent nicher au même endroit chaque année et vivent en colonie. Les couples formés ont donné naissance aux oisillons. Chaque espèce suit son propre rythme ; les pontes s'étalent de mars à août. Du côté des insectes, les reines bourdons ont quitté leur terrier. Elles se sont reposées de leur hibernation, souvent sous des feuilles au sol ou dans l'herbe, durant quelques semaines. À présent, elles ont construit leur nouveau nid, assez loin de leur lieu de naissance, et fondé une colonie. On voit ces insectes velus butiner tant et plus. Le printemps bat son plein. Les jardiniers s'activent au jardin. Il y a beaucoup à faire : plantations, soins et prévention contre les parasites, paillis d'été, semis directs, création d'une rocaille, mise en place des potées... En mai, faites ce qu'il vous plaît : jardiner, jardiner, jardiner !

LES BONS GESTES EN MAI

Planter les saisonnières

Après les saints de glace, les dernières gelées sont passées. Vous pouvez, surtout dans les jardins du nord de la France, planter sans crainte ! Tubercules, bulbes estivaux non rustiques, annuelles, plantes molles et vivaces produites sous serre vont bientôt s'épanouir, sous les rayons doux du soleil, dans vos massifs, vos rocailles ou plates-bandes. Un travail du sol aura été fait en amont (voir page 24). Et, pour les plus organisés, un plan de plantation également. Quel bonheur d'installer ses dahlias, ses cannas et autres beautés au jardin !
Voici une petite liste de plantes que vous pouvez semer ou installer au jardin ce mois-ci.

LES BULBES ET TUBERCULES ESTIVAUX

LES AGAPANTHES
LES ARUMS
LES BLETILLAS
LES CANNAS
LES CROCOSMIAS
LES DAHLIAS
LES EUCOMIS
LES GLAÏEULS
LES LYS
LES TIGRIDIAS

PLANTES À FLORAISON ESTIVALE

LES ANTHÉMIS
LES AMARANTHES
LES BRACHYCOMES
LES CAPUCINES
LES COSMOS
LES GÉRANIUMS
LES IMPATIENS
LES LOBÉLIES
LES LOBULARIAS

Vérifier la santé de ses plantes

Si ce mois est idéal pour faire ses plantations, semer directement des annuelles ou des bisannuelles, la vérification de la bonne santé de ses arbres, arbustes et vivaces ne doit pas être mise de côté. Faites le tour de votre jardin, scrutez le dessous des feuilles, les rameaux, les souches... et traitez au plus tôt une plante parasitée. Quelques remèdes naturels, pages 107, devraient vous permettre de soigner ou prévenir les attaques les plus fréquentes.

Créer une rocaille

Les amoureux de jardins alpins peuvent entreprendre la création d'une rocaille. Si vous souhaitez juste donner un effet de rocaille, vous pouvez choisir des plantes de milieu alpin résistantes au froid et à la sécheresse que vous planterez dans un mélange de terre (60 %) et de sable acide et/ou calcaire (40 %), en partant d'une pente si votre terrain le permet, afin de planter en étage. Ensuite, vous recouvrirez le sol de cailloux de diverses tailles. Si vous désirez faire une rocaille dans les règles de l'art, le travail nécessitera de la main-d'œuvre, des matériaux assez coûteux et des outils spécifiques. Décaisser et transporter des rochers ne s'effectuent pas seul. Nous avons recueilli les précieux conseils du jardinier responsable du jardin alpin au Jardin des Plantes, à Paris (voir page 106). Un gros boulot vous attend. Une belle récompense aussi !

LES PLANTES DE MILIEU ALPIN

- L'ACONIT NAPEL
- L'ANCOLIE DES ALPES
- L'ANDROSACE SARMENTEUSE
- L'ARNICA DES MONTAGNES
- L'ASTER DES ALPES
- L'ASTRANCE
- LA CAMPANULE ALPESTRE
- LA CARLINE
- LE CHARDON BLEU DES ALPES
- LE COLCHIQUE
- L'EDELWEISS
- LE GÉNÉPI
- LA GENTIANE
- L'IRIS DE MONTAGNE
- LES JOUBARBES
- LES LEWISIAS
- LES MINUARTIAS
- L'ORPIN DES MONTAGNES
- LA PULSATILLE ALPINE
- LA SAGINE SUBULÉE
- LES SAXIFRAGES
- LE SILÈNE DES ROCHERS

S'inspirer

Sentir les clochettes du muguet, s'émerveiller devant une orchidée qui copie les odeurs d'une abeille femelle... Les plantes de mai vous surprendront une fois de plus par leurs innombrables dons. Quant aux nombreux amoureux des iris, ils vont se régaler. Rendez-vous au Jardin des Plantes à Paris pour découvrir un jardin des iris et des plantes vivaces tout en couleurs (pages 116-121) !

LA CRÉATION D'UNE ROCAILLE

Une rocaille alpine est une construction en volume, qui permet de jouer sur les reliefs avec des surélévations. Pour ce faire, des roches sont nécessaires. Elles ont un rôle de drainage et servent à retenir la terre. Elles protègent les racines de vos plantes et conservent l'humidité tout en accumulant de la chaleur. On ne met pas les mêmes roches pour toutes les espèces. Vous trouverez des roches pour espèces de sol calcaire et d'autres pour espèces de sol acide. Une rocaille permet la culture d'une grande variété d'espèces, en s'aidant du relief et des versants de la butte. Avant de commencer les travaux, il vaut mieux penser à tout : choix des espèces, emplacement et exposition, forme générale de la rocaille, construction en étages, etc. N'hésitez pas à dessiner votre future rocaille.

Outils et matériaux

Des roches naturelles (se rendre chez des fournisseurs spécialisés), des cailloux et gravats, du sable acide et/ou calcaire, du terreau de feuilles. Une pioche, une bêche et éventuellement une brouette à moteur pour les roches les plus lourdes et un palan.

MÉTHODE

1. Décaissez sur une bonne profondeur et videz la terre d'origine pour la mettre de côté.
2. Formez des tranchées en étages.
3. Drainez avec des gravats en grande quantité.
4. Créez votre butte en déposant vos roches sur différents niveaux. Celles-ci servent à drainer et à retenir la terre.
5. Enterrez vos roches aux ⅔ afin qu'elles restent stables dans le sol.
6. N'hésitez pas à les emboîter les unes contre les autres.
7. Reprenez la terre mise de côté et ajoutez-y du sable, des graviers de différents calibres et du terreau de feuilles.
8. Comblez les interstices de roches et le terrain avec votre mélange.
9. Utilisez les différentes expositions offertes par la construction de votre rocaille pour planter par zones des espèces acides et des espèces calcaires.
10. Plantez vos alpines (nous en présentons plusieurs dans la sélection des plantes du mois).
11. Arrosez à l'eau de pluie de préférence.

LUTTE BIOLOGIQUE

On le sait, les plantes sont souvent trop aimées... Acariens, chenilles, mouches, gastéropodes...
En tant que jardiniers, nous sommes dépités de voir ces ravages. Toutefois, il est bon de se rappeler que les plantes existent depuis bien plus longtemps que nous. Notre tendance à trop intervenir les rendent vulnérables. En somme, à chacun d'agir selon ses convictions et ses besoins. Voici quelques recettes pour traiter naturellement vos amies végétales.

Contre les pucerons

Achetez des larves de coccinelles, qui en mangent un nombre très impressionnant (une fois leur taille par jour) ! Il suffit de lâcher les larves sur les colonies, comme l'illustre ici la photographie.

Contre les limaces et les escargots

Paillez avec du chanvre sur une bonne épaisseur vos cultures. Les gastéropodes n'apprécient pas cette matière qui les empêche de se déplacer. Ou utilisez de la cendre de bois, de la sciure, des coquilles d'œufs finement broyées.

Contre les cochenilles

Achetez des larves de coccinelles du genre *Cryptolaemus*. En cas de faible invasion, retirez à la main, ou utilisez un vaporisateur rempli d'eau mélangée à du savon noir.

Contre les araignées rouges

Brumisez souvent vos plantes ou douchez le feuillage ; ces acariens redoutent l'eau. Déposez dans vos soucoupes des graviers que vous humidifierez. Ou faites une décoction d'ail (30 g/l d'eau) à pulvériser.

Contre les aleurodes (mouches blanches)

Utilisez l'auxiliaire *Macrolophus pygmaeus*, une punaise qui s'attaquera aussi aux acariens et à la mineuse de tomate.

Contre les fourmis

Plantez au potager de la sauge ou de la lavande. Réduisez en poudre des coquilles d'œufs à parsemer au pied de vos plantes envahies. Saupoudrez le sol de bicarbonate de soude ou déposez du marc de café, de l'ail... Les fourmis s'éloignent des odeurs fortes. Ou utilisez des auxiliaires prédateurs de pucerons, dont les fourmis se nourrissent.

Contre l'oïdium

Faites une décoction d'ail (100 g de gousse pour 1 l d'eau) que vous porterez à ébullition (20 min). Pulvérisez une fois le mélange refroidi et filtré. En prévention, pulvérisez une décoction de prêle.
Ou un mélange d'eau (1 l), de lait demi-écrémé (100 ml) et de savon noir (1 cuillerée à soupe) tôt le matin. Enfin, en traitement, utilisez le bicarbonate (2 cuillerées à café par litre d'eau, et 1 cuillerée à soupe de savon noir), à pulvériser également. Agissez avec ces remèdes une fois par semaine, jusqu'à disparition complète du champignon.

LA PLANTATION DES SAISONNIÈRES

La terre de vos massifs est prête à recevoir vos plantes estivales : elle est nivelée, meuble et désherbée. Et vous avez réfléchi à l'association des couleurs et des végétaux que vous voulez voir fleurir cet été. Vous avez vérifié vos mottes et les racines, l'état sanitaire de vos plants. Vos bulbes ont été bien conservés (au sec, à l'abri de la lumière). Vous connaissez les besoins - exposition, sol - de vos plantes. Bref, vous êtes fin prêt pour une activité toujours réjouissante : la plantation.

Matériel

Un transplantoir, un mélange de terre selon vos espèces, une bassine, du compost ou du fumier décomposé, du paillis, des gants.

MÉTHODE POUR PLANTER LES VIVACES

1 → Déposez vos godets sur votre terrain de plantation en respectant les distances nécessaires à leur croissance.

2 → Creusez vos trous, sur environ trois fois la motte en profondeur et en largeur.

3 → Bassinez vos mottes un petit quart d'heure avant de les planter.

4 → Observez les racines et décompactez-les avec délicatesse. Il ne faut pas que les racines tournent sur elles-mêmes (chignon).

5 → Dans une bassine, faites votre mélange de terre franche, de terreau horticole et de sable, à raison d'un tiers par élément.

6 → Si vous n'avez pas de compost, placez au fond du trou du fumier décomposé.

7 → Déposez votre mélange puis votre motte de sorte que le collet de la plante ne soit pas recouvert. Il doit être à fleur de sol.

8 → Formez une cuvette et tassez avec la main tout autour et au niveau du collet.

9 → Arrosez toutes vos plantations.

10 → Installez votre paillage d'été.

MÉTHODE POUR PLANTER LES TUBERCULES TELS QUE LES DAHLIAS

1 → Dans une terre souple, nettoyée et griffée, exposée au soleil et enrichie de compost, vous planterez vos tubercules.

2 → Avec le transplantoir, creusez un trou sur une dizaine de centimètres de profondeur.

3 → Selon vos variétés, distancez vos plantations de 1 m pour les grandes, de 80 cm pour les moyennes et de 50 cm pour les naines.

4 → Repérez la tige (ce qu'il en reste) et déposez votre tubercule la tige vers le haut.

5 → Placez un tuteur près du tubercule pour les variétés moyennes et hautes. Et formez une cuvette au pied.

6 → Recouvrez les tubercules de terre, tassez à la main et arrosez.

7 → Ajoutez des cendres de bois autour de vos pieds en vue de limiter les limaces.

8 → Quand les dahlias se seront bien développés, vous pourrez pailler.

JOLI, JOLI MOIS DE MAI

Diaboliquement belles sont les *Datura* ; parfumé se révèle le genêt ananas ; imitatrice se veut l'ophrys abeille… Et si au jardin nous chantions, en ce joli mois de mai, les louanges de ces plantes étonnantes ? En trompette majeure !

Trompette du diable

De la famille des Solanacées, le genre *Datura* compte 14 espèces herbacées. Cultivée en annuelle, la trompette du diable, ou datura, est une vivace de croissance rapide qui peut atteindre 1 m de haut. Elle fleurit tout l'été.

DATURA OU BRUGMANSIA ?

Contrairement à *Brugmansia* avec lequel *Datura* est souvent confondu, les fleurs en trompette de ce dernier sont dressées et non pas pendantes. De plus *Brugmansia* est un genre qui regroupe des arbustes, tandis que les *Datura* sont des herbacés.

UNE ENTRÉE AU JARDIN EN FANFARE… SURVEILLÉE !

Malgré la toxicité (par ingestion) bien connue du **datura**, le spectacle de sa floraison vaut la peine d'accueillir en annuelle cette herbacée au jardin. Son feuillage est composé de feuilles entières, pétiolées, ovales ou elliptiques. Ses tiges sont souvent teintées de pourpre. L'espèce type offre de grandes fleurs simples en trompette (10-15 cm de long) d'un blanc pur, tandis que parmi les cultivars vous en trouverez des violettes. Il existe aussi des hybrides à fleurs doubles. Le parfum de *Datura* est assez agréable. Si vous voulez voir sa fructification - des capsules imposantes vertes et munies d'aiguillons -, nous vous conseillons de supprimer, avec des gants pour vous protéger, les fruits une fois parvenus à maturité. Et de les jeter afin de ne pas propager les graines ou de garder celles-ci dans un petit sac au sec et à l'abri.

Datura metel

Milieu d'origine : Cette espèce cultivée depuis de nombreux siècles est sans doute originaire de zones tropicales du Mexique, et issue de la domestication de l'espèce sauvage *Datura innoxia*.
Culture : Dans un sol drainant, frais, limoneux ou argilo-siliceux. Au soleil. Tolère le calcaire et la sécheresse.
Plantation : Au printemps, cette plante entièrement toxique nécessite le port de gants pour être plantée. Mélangez votre terre avec du sable si votre sol est trop compact. Ajoutez une poignée de compost. Partir de graines offre de bons résultats. En pot, vous apporterez à votre terreau 40 % de sable.
Le datura s'échappe facilement des jardins pour pousser en bord de route, sur des parcelles potagères ou des terrains vagues. C'est pour cela qu'il est important de supprimer les fruits, et de garder les graines sous sachets bien fermés et au sec. Si vous avez un potager, des enfants en bas âge et/ou des animaux,
il n'est pas prudent de cultiver les *Datura*.
Cultivars : *D. metel* 'Purple', *D. metel* 'Fastuosa', *D. metel* 'Ballerina'.
Nuisibles éventuels : Aleurodes, araignées rouges.
Rusticité : Peu rustique, jusqu'à -5 °C.
À voir : Au Jardin botanique Val Rahmeh-Menton (Alpes-Maritimes).

Genêt ananas

De la famille des Fabacées, le genre *Argyrocytisus* est monospécifique. La seule espèce est donc le genêt ananas, un arbuste à feuilles trifoliées caduques, produisant ses fleurs en grappes terminales de mai à juillet.

COMESTIBLE OU TOXIQUE ?

Sa délicieuse odeur est trompeuse : rien ne se mange dans le genêt ananas, qui est toxique par ingestion. Mais quel plaisir de le voir en fleur et de humer son parfum sucré ! Dans le jardin alpin du Jardin des Plantes se trouve un beau spécimen. Si vous passez par là, à la période estivale, rendez-lui visite et profitez de son parfum exotique.

DES FLEURS EN PAPILLON

Son nom vernaculaire nous le signale : dès le mois de mai, les effluves sucrés offerts par les fleurs embaument le jardin et font penser à l'ananas. Mais ce n'est pas le seul atout du bel arbuste. Son port étalé et ses feuilles à trois folioles elliptiques, au revers duveteux argenté, participent à son charme. Les grappes florales terminales sont denses et peuvent atteindre 15 cm de long. Les fleurs à 5 pétales possèdent les caractéristiques des Fabacées, autrefois nommés Papilionacées : un pétale à limbe redressé dit « étendard », 2 pétales latéraux, les « ailes », et 2 pétales antérieurs et rapprochés, la « carène ».

Argyrocytisus battandieri

Milieu d'origine : Massif montagneux du Maroc (Moyen Atlas, Rif).
Culture : Dans un sol peu fertile, drainant, acide, neutre ou légèrement calcaire. Au soleil, mais à l'abri des vents froids. Tolérant à la sécheresse.
Plantation : En automne ou début de printemps, plantez votre genêt en plein soleil, dans une zone abritée et pas trop exposée à l'humidité hivernale : contre un muret ensoleillé, à l'arrière d'une rocaille, ou non loin d'une terrasse pour profiter de son parfum.
Taille : Vous pourrez tailler, après la floraison, les rameaux enchevêtrés et l'extrémité des branches pour conserver un port compact et ramifié.
Rusticité : Plutôt bonne, jusqu'à -15 °C.
À voir : Au jardin alpin du Jardin des Plantes (Paris).

Ophrys abeille

De la famille des Orchidacées, le genre *Ophrys* compte une trentaine d'espèces d'orchidées terrestres tubéreuses; elles sont protégées dans de nombreuses régions. L'ophrys abeille, qui peut atteindre 40 cm de haut, fleurit de mai à juin.

DES ESPÈCES VRAIMENT SPÉCIALES

Les orchidées sont des plantes étonnantes et très évoluées. Leurs organes reproducteurs sont différents: l'unique étamine est soudée au style et forme une petite colonne (gynostème). Les botanistes ont donc inventé pour ces fleurs des mots propres à leur très grande famille. Ils parlent de pollinies (amas de pollen agglutiné, souvent par deux), de labelle (pétale spécialisé où atterrit l'insecte), etc. Il faut dire qu'en plus d'être innovantes, elles sont pour certaines « imitatrices ».

DRÔLE D'ABEILLE !

Oui, certaines orchidées copient les phéromones sexuelles émises par un insecte. C'est le cas de notre ophrys qui attire une abeille mâle solitaire, qu'on appelle la collète des sablières (*Colletes cunicularius*), par des composés chimiques imitant l'odeur de l'abeille femelle. Le dessin spécifique de son labelle fait aussi penser à l'abdomen de l'hyménoptère. L'abeille mâle croit copuler avec sa femelle, au lieu de quoi il se retrouve avec du pollen collant sur le thorax ! Quant à la fleur, elle se compose de 3 sépales pétaloïdes rose pourpre, de 2 petits pétales et d'un labelle velouté brun foncé et jaune avec des lobes latéraux bosselés et velus. Les feuilles engainantes sont vert vif. En été, la séduisante vivace entre en dormance.

Ophrys apifera

Milieu d'origine: Prairies, lisières, friches, broussailles de régions tempérées (Europe).
Culture: Dans un sol drainant, à tendance calcaire, à mi-ombre ou soleil doux.
Plantation: En automne, vous planterez les tubercules à moins de 10 cm de profondeur. Ameublissez la terre avec du sable et recouvrez la zone d'un paillis minéral. Fertilisation annuelle (en fin d'hiver) recommandée. Éliminez les fleurs fanées et les feuilles jaunies.
Rusticité: Très bonne, jusqu'à -20 °C.
À voir: À l'École de botanique du Jardin des Plantes (Paris).

Muguet

De la famille des Asparagacées, le genre *Convallaria* compte peu d'espèces (2 ou 3). Ce sont des plantes vivaces rhizomateuses en floraison en mai-juin.

UNE VIVACE COLONISATRICE

Grâce à ses stolons - tiges traçantes -, le muguet colonise de belles étendues en sous-bois. Le spectacle de ses petites clochettes devient alors féerique. Et quel parfum ! Celles et ceux qui y sont sensibles adorent plonger leur nez dans les bouquets traditionnels du 1er mai. On en mangerait si l'on ignorait que l'intégralité de la plante est toxique !

QUE SERAIT MAI SANS SON MUGUET ?

C'est au début du XXe siècle que la tradition d'offrir du muguet a commencé. Les couturiers en donnaient quelques brins à leurs « petites mains » en gage de bonheur. Depuis, l'herbacée est associée à la Fête du travail. De taille modeste (25 cm de haut), le muguet est reconnaissable à ses 2 feuilles engainantes, vertes, obovales et à nervures parallèles. La hampe florale est plus courte que le feuillage. La fleur comprend 3 sépales pétaloïde et 3 pétales soudés avec 6 étamines au fond de la clochette. Elle est pollinisée par les insectes. Quant aux fruits, des baies rouge orangé, ils contiennent chacun 6 graines disséminées par les oiseaux.

Convallaria majalis

Milieu d'origine : Sous-bois, vallons ombragés des régions tempérées de l'hémisphère Nord.
Culture : Dans un sol fertile, frais, à l'ombre ou à mi-ombre.
Plantation : En automne, vous placerez les griffes (rhizomes ramifiés) à 10 cm les unes des autres, partie pointue vers le haut, dans une terre meuble. Recouvrez d'une fine couche de terreau universel et d'un paillis de feuilles, de mousse ou de copeaux.
Nuisibles éventuels : Charançons ortiorhynques, nématodes et chenilles.
Rusticité : Très bonne, jusqu'à -20°C.
À voir : À l'Harmas Jean-Henri Fabre (Vaucluse).

Ramonde de Serbie

De la famille des Gesnériacées, le genre *Ramonda* compte 3 espèces de vivaces à rosettes persistantes. Surnommée « phénix de Serbie », la ramonde produit des fleurs solitaires lilas et des étamines à anthères (loges du pollen) bleu-violet en mai. Le nom du genre a été donné en l'honneur du botaniste français Louis Ramond, un spécialiste de la flore des Pyrénées du début du XIXe siècle. Il existe d'ailleurs une espèce endémique de cette chaîne de montagnes : *Ramonda myconi*, à fleurs bleu-violet se développant en panicules.

UNE BELLE RELIQUE

Les ramondes sont des plantes reliques, elles appartiennent à l'un des deux seuls genres (avec *Haberlea*) de leur famille à s'être adaptés, en Europe centrale, aux périodes de glaciation de l'ère quaternaire. Celle-ci, de petite taille (10 cm), crée de belles touffes idéales pour une rocaille en sol calcaire. On peut aussi la cultiver en vasque en mélangeant la terre à des cailloux.

DES FLEURS PHÉNIX

L'adorable vivace alpine a la particularité de pratiquer l'anabiose, un terme savant qui signale sa capacité à « revivre » après une longue période de ralentissement métabolique et une apparence de sécheresse très avancée. Quand elle refleurit, la teinte que prend la corolle, composée de 4 à 6 pétales, défie le vocabulaire. Il s'agit d'une couleur lilas, comme éclairée de l'intérieur. Charmantes au bout de leur pédoncule, les fleurs se développent sur 3-4 cm de diamètre au-dessus de leur rosette de feuilles vert tendre, d'aspect gaufré, velues et à bord dentelé.

Ramonda serbica

Milieu d'origine : Fissures de rochers, ravins et montagnes (Balkans).
Culture : Dans un sol humifère sableux ou caillouteux, à mi-ombre.
Plantation : Au printemps ou en automne, vous installerez vos ramondes de préférence en pente sur une petite butte rocailleuse, cela évitera que l'eau de pluie s'accumule dans les rosettes.
Multiplication : Par division des touffes en juin, à rempoter par rosette et à mettre sous abri la première année. Bouturage possible de feuilles à la fin de l'été.
Nuisibles éventuels : Les limaces.
Rusticité : Très bonne, jusqu'à -25 °C.
À voir : Au jardin alpin du Jardin des Plantes (Paris).

S'INSPIRER : LES IRIS

JARDIN DES IRIS ET DES PLANTES VIVACES AU JARDIN DES PLANTES (PARIS)

De la famille des Iridacées, le genre *Iris* rassemble environ 300 espèces et des milliers de variétés, parmi lesquelles de nombreux hybrides. Depuis l'Antiquité, cette fleur étonnante a inspiré toutes sortes de légendes. Iris était, pour les Grecs anciens, une déesse messagère des dieux, qui n'apportait que de bonnes nouvelles. L'arc-en-ciel lui fut associé ; dès que le ciel se parait de ces couleurs étonnantes, les humains pensaient recevoir des messages divins de bon augure. La culture d'iris ne date pas d'hier non plus. En France, l'empereur Charlemagne la recommandait déjà pour ses jardins royaux. Durant des siècles, l'iris fut cultivée. Et au XIXe siècle, les horticulteurs débutèrent leurs créations de variétés. La production de cultivars explosa au XXe siècle aux États-Unis et en Europe.

AU JARDIN DES PLANTES DE PARIS

Cela fait bientôt soixante ans que le jardin des iris, d'inspiration hollandaise, a été créé non loin de l'Herbier national, au Jardin des Plantes. Composé de 12 massifs carrés, sertis de briques et séparés par des allées engazonnées, il était à l'époque destiné aux iris hybrides à grandes fleurs. La floraison spectaculaire de ces vivaces rhizomateuses ou bulbeuses étant de courte durée, d'autres plantes vivaces furent installées dans les années 1980. Aujourd'hui, cet écrin entouré d'arbustes présente 450 espèces, dont une centaine d'iris issus d'hybridation entre taxons européens et nord-africains. Les belles variétés sont conservées par division de touffes tous les quatre ans, en été.

En mai, l'explosion au jardin des iris des couleurs de ces fleurs est un ravissement. Bleu, jaune, carmin, fauve, violet, rose, blanc, crème, abricot, indigo… Les 3 pétales dressés et les 3 sépales retombants de l'iris se déclinent dans d'innombrables nuances et même quelques motifs et textures. Vous en verrez des velues, des froissées, des mouchetées, des striées, des bicolores, etc. Et si vous utilisiez ces vivaces pour créer votre propre palette chez vous ? Les iris font partie des fleurs aimées des peintres. Van Gogh et Monet ont immortalisé leur grand pouvoir de séduction !

1

2

Page précédente : Vue générale du jardin des iris et des plantes vivaces. *1.* Iris germanica *'Apricot'.* *2.* Iris pseudacorus. *3.* Iris germanica *'City Lights'.* *4.* Iris × hollandica *'Apollo'.*

QUELS IRIS CHOISIR ?

On distingue 2 grands types d'iris :

• Les barbus, qui ont tendance à fleurir plus tôt, dès le mois d'avril. Les iris de jardin, issus d'hybridations complexes, en font partie. Vous pouvez le vérifier en observant les sépales.

• Les non-barbus, qui fleurissent en général en juin-juillet. L'iris des marais (*I. pseudacorus*) en fait partie. Ce dernier, à fleurs jaunes, apprécie les milieux humides et pousse les pieds dans l'eau, comme son nom vernaculaire l'indique.

Conjuguer les deux types vous permettra de prolonger la floraison de ces fleurs gracieuses.

1. Iris '*Entourage*'. 2. Iris foetidissima. 3. Iris '*Provencal*'. 4. Iris '*Sunday Chimes*'.

2

Choisir ses iris en fonction de leurs besoins

Votre sol est plutôt acide ? L'iris du Japon (*I. ensata*) à fleurs bleues, blanches et rose, s'y plaira, ainsi que l'iris de Sibérie (*I. sibirica*).

Vous avez une rocaille sèche à sol calcaire ? Choisissez des iris méditerranéens, tels que l'iris des garrigues (*I. lutescens*) à fleurs jaunes, mauves ou violettes. De nombreux cultivars d'iris nains vous offriront de jouer avec les couleurs.

Choisir des iris en fonction de leur taille

Tout en respectant leurs besoins, vous pouvez aussi bénéficier de la diversité de leur hauteur et étaler ainsi les floraisons. Les iris nains mesurent entre 20 et 40 cm et fleurissent dès le mois de mars. Les iris intermédiaires mesurent entre 40 et 70 cm et fleurissent juste après. Enfin, les grands iris de jardin, qui mesurent entre 70 et 90 cm, sont en floraison en juin et juillet. Plus rares mais à mentionner également : les iris remontants.

PETITE LISTE D'IRIS POUR VOTRE JARDIN

- Les iris nains : *I. reticulata*, *I.* 'Brannigan', *I.* 'Cherry Garden'.
- Les iris intermédiaires : *I.* 'Stellata', *I.* 'Anaconda Love', *I.* 'Cutie'.
- Les grands iris : *I.* 'Black Butte', *I.* 'Chevalier de Malte', *I.* 'Belle de nuit'.
- Les iris remontants : *I.* 'Gracchus' (fleurit en mai puis en octobre), *I.* 'Lovely again' (fleurit en juin puis en septembre).

4

06

La sécheresse s'installe déjà.

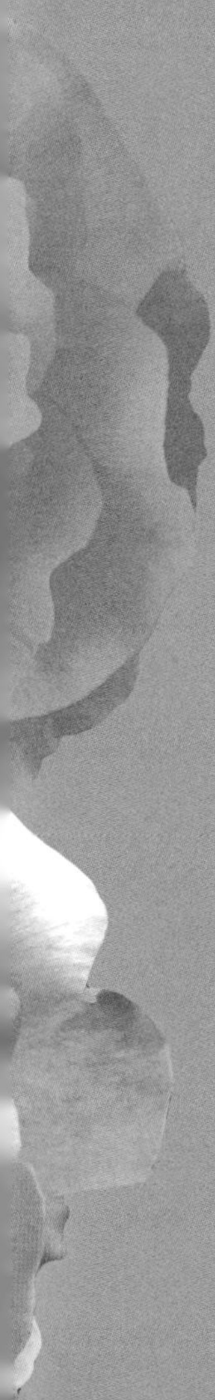

juin

Le manque d'eau n'inquiète pas les coquelicots, qui s'ouvrent sous le soleil.

Aidés par la réduction des pesticides dans les champs, ces jolies papavéracées ont reconquis des territoires pour notre bonheur, ainsi que celui des coléoptères et des abeilles qui les butinent. Les températures commencent à grimper et nous, amoureux de la nature, pensons à nos plantes chéries. Mais la faune ? Si le coquelicot fait partie des quelques plantes résistantes à la sécheresse, il n'en va pas de même pour les animaux. C'est le moment de sortir des coupelles et des soucoupes remplies d'eau au jardin. Et de permettre aux insectes, aux oiseaux, aux hérissons, voire aux écureuils de se désaltérer. Les jours durent, en juin ce sont les plus longs de l'année. La saison des amours chez les oiseaux atteint un pic. En évitant de tondre, nous leur laissons de quoi nourrir les oisillons. Ils attrapent des vers et de petits insectes dans la fine couche du sol que nous n'avons pas attaquée avec la tondeuse ou la débrousailleuse. Dès lors, pourquoi ne pas s'intéresser à une pratique paysanne ancestrale : le fauchage ? La période est aussi propice à une réflexion autour de l'eau. Quelles sont les astuces pour l'économiser au jardin d'ornement ? Quelques pistes, un soupçon de sagesse venue du monde paysan, et beaucoup de fleurs au programme !

LES BONS GESTES EN JUIN

Faucher une prairie

→ Si votre jardin est grand, il vous sera possible d'installer une prairie, véritable alliée de la biodiversité. Ce couvert végétal apportera de nombreux avantages en créant un écosystème riche et diversifié. Un choix d'espèces indigènes est recommandé. Elles participent à maintenir des écosystèmes locaux sains et résilients. La prairie attirera aussi abeilles et papillons, qui jouent un rôle essentiel dans la pollinisation des plantes du potager. Elle offrira un habitat pour de nombreuses espèces d'insectes, d'oiseaux, de mammifères et d'autres animaux sauvages. Vous n'aurez généralement plus besoin de tondre régulièrement. Une fauche annuelle peut suffire en laissant naturellement les tiges des plantes sécher sur place pour fournir un habitat aux insectes. Elle se pratique à l'été ou à l'automne selon le climat.

Arroser en profondeur avant les canicules

→ Le printemps est une saison importante pour l'arrosage. Les épisodes caniculaires de plus en plus fréquents l'été nous obligent à réduire, voire à stopper cette action si primordiale pour nos plantes et le sol. Les mesures de restriction de l'eau s'appliquent au jardin d'ornement. L'agriculture et les récoltes sont menacées, les nappes phréatiques ne se rechargent plus ; nous devons respecter les arrêtés préfectoraux dans l'intérêt général. En arrosant régulièrement de mars à juin, vous anticiperez mieux ce genre de crise. Sol et racines seront plus résistants face à la sécheresse qui s'installe.

L'EAU ET LES PLANTES

Les plantes n'ont pas seulement besoin d'eau pour vivre, elles sont faites d'eau ! Puisée dans le sol par les racines, l'eau permet de transporter les nutriments essentiels jusqu'aux feuilles. C'est là où elle s'évapore en partie. Ce mécanisme, appelé transpiration, permet aux plantes de réguler leur température interne. L'eau est également responsable du soutien des parties qui composent les végétaux, en particulier les tiges et les feuilles. Lorsque les cellules végétales sont pleines d'eau, elles deviennent rigides, ce qui maintient la plante dressée. En cas de manque d'eau, les plantes peuvent se flétrir, car elles perdent ce soutien. Pour finir, sans eau, il n'y a pas de photosynthèse. Sans photosynthèse, pas de vie sur terre ! (Pour une explication sur la photosynthèse, voir page 83.)

Faire son paillage d'été

→ Pour nourrir et protéger son sol et ses plantes de la chaleur comme de la sécheresse, rien de mieux que de fabriquer son paillage. Mais de quoi parle-t-on exactement ?

LES DEUX GRANDS TYPES DE PAILLIS

- **Le paillage composé de matières organiques** : restes de taille d'arbustes, feuilles mortes, bois, tonte, chanvre, lin, etc.
  Ce type de paillis a de nombreux avantages. Il nous offre de recycler nos déchets de taille, d'améliorer la structure du sol, de limiter les arrosages, de favoriser les régulateurs (comme certains coléoptères friands de larves de gastéropodes), voire d'éloigner les nuisibles.
- **Le paillage composé de matières minérales** : ardoise, brique pilée, pouzzolane, gravier.
  Si celui-ci est décoratif, qu'il limite aussi les arrosages et la venue des adventices, et participe à l'identité d'un jardin alpin ou japonais, on peut déplorer le fait qu'il ne se décompose pas en humus (bien sûr) mais aussi qu'il est un agent de réchauffement.

LES VÉGÉTAUX À ÉVITER

La plupart des végétaux peuvent servir à un bon paillage, mais vous éviterez certains conifères, comme le pin, si vous ne voulez pas acidifier le sol. Dans tous les cas, les déchets d'arbres, d'arbustes ou de vivaces attaqués par des maladies ou des nuisibles sont à jeter. Ils ne servent ni au compost ni à la fabrication d'un paillis.

QU'EST-CE QUE LE BRF (BOIS RAMÉAL FRAGMENTÉ) ?

Plus riche en azote que le broyat de bois, le BRF est constitué de jeunes rameaux de feuillus et non uniquement de bois. Quand on utilise le broyat de bois seul, sur une culture, il est décomposé par des champignons. Ceux-ci prélèvent de l'azote en accomplissant ce rôle. Dès lors, une faim d'azote peut se produire chez les plantes cultivées. Le paillage BRF sera une bien meilleure option, ses rameaux verts ajoutés compenseront la perte d'azote.

S'inspirer

→ Les pétales froissés comme du papier de soie de la fleur du ciste cotonneux, les savoureux fruits et les fleurs comestibles du goyavier du Brésil, les bractées blanches de l'arbre aux mouchoirs : les belles découvertes végétales du mois de juin vont vous donner des envies de plantation au printemps prochain. Et puisque la saison des rosiers bat son plein, vous êtes invité au jardin des roses et des roches du Jardin des Plantes. Déambulez au cœur de cette roseraie de renom et découvrez l'histoire de la « reine des fleurs » (pages 138-141).

LA FAUCHE D'UNE PRAIRIE

Les débutants se procureront une lame de faux pas trop grande (65 cm maximum) ; elle sera plus maniable et moins encombrante à remiser.

Outils

Une faux, un affûteur sous forme de pierre naturelle (grain moyen), un coffin pour porter la pierre à la ceinture dans un fond d'eau, des gants, des chaussures de sécurité.

MÉTHODE

1 → Affûtez votre faux sur les deux côtés de la lame, en la balayant en essuie-glace.

2 → Procédez par couloirs sur le terrain à faucher.

3 → Maniez votre faux à deux mains (manches prévus pour) et fauchez en arc de cercle devant vous, de droite à gauche si vous êtes droitier, de gauche à droite si vous êtes gaucher. La lame incurvée sera maniée à plat sur le sol et ramenée par glissement dans un même mouvement de gauche à droite (ou l'inverse pour les gauchers).

4 → Faites pivoter votre bras gauche (ou droit pour les gauchers) autour de votre hanche. Celle-ci n'accompagne pas le mouvement.

5 → Ne vous penchez pas trop, seuls vos bras et vos jambes vous permettent de faire le bon mouvement de rotation. Et n'agissez pas par saccades.

6 → La largeur de fauche dépend de l'amplitude de votre mouvement.

7 → Si votre terrain est grand, il sera nécessaire d'affûter votre lame plusieurs fois.

LE PAILLAGE D'ÉTÉ

Le paillis peut être effectué avec des résidus de taille (paillis de matières organiques).

Outils

Une cisaille, une scie ou une broyeuse pour le bois dur, une binette et une paire de gants.

MÉTHODE

1. Si votre sol est compact, décompactez-le à la binette.
2. Coupez en petits morceaux vos restes de taille ; le paillage ne doit pas compromettre une bonne aération du sol.
3. N'utilisez jamais de restes de plantes malades, de racines charnues à réserve ou de plantes en graines.
4. Préférez les jeunes pousses, les tiges et le bois fin.
5. Paillez sur une épaisseur de 10-15 cm.
6. Renouvelez votre paillage dans la saison, car il aura tendance à se tasser.
7. Vérifiez avec la main le taux d'humidité en dessous du paillage.
8. Arrosez au pied des plantes et non sur le paillis.

LES BONS TUYAUX POUR ÉCONOMISER L'EAU !

- Recyclez l'eau au jardin quand vous lavez vos légumes par exemple.
- Arrosez le soir pour que le sol garde l'eau.
- Stockez l'eau de pluie.
- Utilisez des oyas pour arroser par capillarité. Vous pouvez soit en acheter dans le commerce, soit en fabriquer vous-même selon la méthode proposée ici.

Matériel

Des pots en terre cuite d'un bon diamètre et d'une bonne hauteur, un bouchon en liège, un couvercle de préférence en céramique, ou une soucoupe en plastique.

MÉTHODE POUR FABRIQUER SES OYAS

1 → Bouchez le trou de drainage de votre pot à l'aide d'un bouchon en liège.

2 → Enterrez-le près de vos cultures de manière qu'il soit bien droit et stable. Le bord du pot dépassera de 3 cm environ.

3 → Remplissez d'eau votre oya.

4 → Recouvrez-le d'un couvercle, afin que l'eau ne s'évapore pas.

5 → Répétez l'opération en utilisant les zones de distanciation entre vos plants.

LES ENJEUX DE L'EAU DANS LES JARDINS DU MUSÉUM

« Chaque goutte d'eau compte. » Cette philosophie est partagée par les quatre jardins botaniques du Muséum en cette période de sécheresse intense. Pour préserver la biodiversité et les collections naturalistes des sites, tout en continuant à émerveiller les publics, les équipes mettent en place des plans d'action très concrets : choix de plantes adaptées aux conditions climatiques et moins gourmandes en eau, mise en place progressive de dispositifs d'irrigation adaptés, et surtout paillage et compost pour conserver l'humidité des sols.

LES PLANTES DE JUIN : UN AVANT-GOÛT DE VOYAGE

D'une beauté flamboyante sont les cistes pyrophiles des maquis méditerranéens ; généreux, les capitules floraux des globulaires de montagne ; alléchants, les fruits du goyavier d'Amérique du Sud… La sélection de juin vous invite au voyage. Il y en aura pour tous les goûts et toutes les prunelles !

Ciste cotonneux

De la famille des Cistacées, le genre *Cistus* compte une vingtaines d'espèces d'arbustes à feuilles persistantes. Le ciste cotonneux fleurit de mars à juin. Les pétales roses et froissés des fleurs qui, ouvertes, ne durent qu'un jour, se renouvellent sans cesse, le buisson présentant de très nombreux boutons.

L'HÔTE DE CERTAINS COLÉOPTÈRES

L'arbuste buissonnant convient au petit jardin : il ne dépasse pas 1 m de haut comme de large. Ses feuilles gris blanchâtre à vertes sont simples et velues. La fleur à 5 sépales tomenteux vert clair et 5 pétales roses est assez grande (6 cm de diamètre). Elle éclôt dans une inflorescence terminale, ou de façon solitaire au bout de son long pédoncule. Le centre de la corolle est jaune. Les hyménoptères visitent beaucoup les fleurs de ciste. Elles n'offrent aucun nectar, mais leur pollen généreux constitue des réserves nutritives précieuses. Il n'est pas rare de voir de petits coléoptères, tels que la méligèthe et la chrysomèle, sortir des bourgeons au printemps. Les larves y ont passé la saison froide. La cétoine ne pond pas dans les cistes, mais elle butine aussi leurs nombreuses étamines.

DES PLANTES ADAPTÉES AU FEU

Les cistes sont des plantes pyrophiles : sous l'effet de la chaleur du feu, les graines sortent de leur dormance et donnent naissance à de futures plantules. Chez vous, il existe une astuce pour la levée des graines. Avant de les planter, faites-les chauffer à la poêle sans les brûler !

Cistus albidus

Milieu d'origine : Taillis, pentes rocheuses, garrigues, maquis de l'ouest de la Méditerranée (Corse, Portugal, Espagne, nord de l'Afrique).
Culture : Dans un sol peu fertile ou calcaire bien drainé, en plein soleil.
Plantation : Au printemps, vous planterez votre ciste après les dernières gelées dans un sol pauvre et drainant (ajoutez du sable à la terre et des cailloux au fond du trou). On peut aussi le cultiver en bac sur un balcon ou une terrasse bien ensoleillés, en sol sableux.
Taille : Apprécie peu la taille. Réduisez les rameaux pour conserver une belle symétrie.
Cultivars et hybrides : *Cistus × argenteus* 'Blushing Peggy Sammons', *C. albidus* 'Grayswood Pink' (forme rampante).
Rusticité : Plutôt bonne, jusqu'à -15 °C.
À voir : Au jardin alpin du Jardin des Plantes (Paris) ou à l'Harmas Jean-Henri Fabre (Vaucluse).

Alsine en étoile

De la famille des Caryophyllacées, le genre *Minuartia* compte quelques dizaines d'espèces de plantes herbacées vivaces ou annuelles, parfois cespiteuses. L'alsine en étoile forme de beaux coussinets et s'étend sur les rochers de façon spectaculaire dans son milieu. Sa floraison a lieu en juin-juillet.

UN BEAU COUSSIN VERT FRAIS

Avec leurs corolles en étoile composées chacune de 5 pétales d'un blanc pur bien visible sur le feuillage gazonnant, les alsines ne passent pas inaperçues en été. Au jardin alpin du Jardin des Plantes, elles ont formé un vaste coussin sur un rocher de belle dimension. Il faut dire qu'elles sont là depuis quatre-vingts ans !

TOI, LA BONNE ÉTOILE

L'inflorescence s'organise en cyme. Les sépales, au nombre de 5, sont brun rosé sur le revers ; autour du pistil 10 étamines s'offrent aux pollinisateurs. Les feuilles sessiles de la petite vivace (5 cm de haut) sont simples, opposées, linéaires et d'un beau vert frais. La première floraison peut prendre du temps avant d'apparaître, la vivace ayant besoin de s'installer. Tout dépendra de la manière dont vous aurez su recréer son milieu - sol filtrant et chaud, bon ensoleillement, espace rocailleux à conquérir, désherbage, etc. Avant que *Minuartia stellata* se transforme en un tapis dense, il faut compter plusieurs décennies. La patience est d'or... Une bonne étoile à planter pour les futures générations ?

Minuartia stellata

Milieu d'origine : Montagnes de haute altitude du sud des Balkans.
Culture : Dans un sol léger, drainant, calcaire de préférence. Au soleil.
Plantation : Vous planterez vos alsines au printemps entre les pierres d'une rocaille, dans un éboulis, sur un muret, ou en auge.
Rusticité : Très bonne, jusqu'à -20 °C.
À voir : Au jardin alpin du Jardin des Plantes (Paris).

Globulaire à feuilles en cœur

De la famille des Plantaginacées, le genre *Globularia* compte une vingtaine d'espèces de plantes vivaces à feuillage persistant. La globulaire à feuilles en cœur, ou feuilles cordées, est de petite taille (8 cm de haut) et fleurit de juin à juillet.

CECI N'EST PAS UNE FLEUR...

Les pompons bleu lavande de la globulaire sont des capitules. Ce type d'inflorescence regroupe des dizaines de fleurs sur le réceptacle floral. Chacune comporte 5 sépales soudés à la base, 5 pétales bleutés et 4 étamines. Elles sont si serrées les unes contre les autres qu'elles ont l'apparence d'un petit dôme. Un œil non averti pourrait imaginer ne voir qu'une seule fleur dans ce bouquet de fleurs.

TAPIS POUR ROCAILLE

La petite vivace alpine pousse en touffes serrées, créant ainsi dans une rocaille un magnifique tapis vert et bleu. Les feuilles en rosette sont d'un beau vert foncé lustré; elles mesurent 2 à 3 cm de long. Par sa souche ligneuse et ses tiges qui s'enracinent, la plante colonise aisément les rochers montagnards de son aire géographique. Dans un sol filtrant, au soleil, la vigoureuse persistante a une très bonne durée de vie. Au jardin, elle sera ravissante entre les pierres d'un muret et ne nécessitera que peu d'entretien. Il faudra juste la protéger d'un excès d'humidité en hiver.

Globularia cordifolia

Milieu d'origine: Montagnes du centre et sud de l'Europe et de l'ouest de la Turquie.
Culture: Dans un sol plutôt calcaire, rocailleux et drainant. En plein soleil.
Plantation : Au printemps, vous planterez, dans un sol sableux, vos globulaires entre les pierres d'une rocaille ou dans une auge de plantes alpines. La vivace naine est à préserver de l'humidité hivernale.
Multiplication: Boutures de jeunes rosettes au printemps.
Nuisibles éventuels: Limaces et escargots à surveiller.
Rusticité: Très bonne, jusqu'à -20 °C.
À voir: Au jardin alpin du Jardin des Plantes (Paris).

Arbre aux mouchoirs

De la famille des Nyssacées, le genre *Davidia* ne compte qu'une seule espèce. L'arbre aux mouchoirs, son seul représentant, est à feuillage caduc en floraison de mai à juin. Il fleurit au bout d'une quinzaine d'années, mais il existe des cultivars qui permettent de le voir en fleur dès la première année de plantation.

DES MOUCHOIRS EN PAPIER… NON, DES BRACTÉES !

Ce qui fait de cet arbre une petite merveille provient de la curieuse apparence que prennent les bractées. Chez de nombreuses plantes, celles-ci ont une couleur verte. Après tout, les bractées sont des feuilles, qui accompagnent les fleurs en guise de protection. Ici, ces organes foliaires sont très développés et de taille inégale (jusqu'à 20 cm de long). Ils forment un involucre autour de l'inflorescence qui, elle, ne mesure pas plus de 2 cm. Leur couleur blanche et leur texture délicatement froissée a donné son surnom à ce beau végétal.

ET DES FLEURS POLYMORPHES

Les fleurs de l'arbre aux mouchoirs peuvent être mâles, femelles ou hermaphrodites, au cœur d'une même inflorescence. Elles sont sexuellement polymorphes, ce qui augmente les chances de fécondation. Les feuilles simples et alternes ajoutent du charme à la plante avec leurs pétioles rouges assez longs. Cordiformes à la base, larges et à bord denté, leur revers se révèle soyeux.

Davidia involucrata

Milieu d'origine : Régions boisées de Chine.
Culture : Dans un sol humifère bien drainé, acide ou même calcaire. Au soleil ou à mi-ombre.
Plantation : Vous planterez de l'automne au printemps votre arbre aux mouchoirs dans un sol frais, riche (compost ou fumier bienvenus), à l'abri des vents froids. En isolé ou avec d'autres arbres de taille moyenne pour former un joli bosquet. Tutorez et paillez généreusement. Arrosez aux beaux jours dès que la terre est sèche, mais pas en hiver.
Taille : Juste pour favoriser une belle symétrie, en supprimant les branches mortes et enchevêtrées.
Variété et cultivars : *D. involucrata* var. Vilmoriniana, *D. involucrata* 'Lady Sunshine', *D. involucrata* 'Sonoma'.
Rusticité : Très bonne, jusqu'à -20 °C.
À voir : À l'Arboretum de Versailles-Chèvreloup (Yvelines).

Goyavier du Brésil

De la famille des Myrtacées, le genre *Acca* compte 3 espèces d'arbustes persistants. Le goyavier du Brésil est le seul que l'on cultive sous nos climats. Il produit de très jolies fleurs en mai-juin.

L'ARBUSTE DES DÉLICES

On utilise ses fleurs en salade ou pour décorer un plat. Quant aux fruits, ils se consommes seuls, en confiture, sorbet ou gâteau. Choisissez un cultivar autofertile (*Acca sellowiana* 'Coolidge'), ou deux plants seront nécessaires au jardin, l'espèce ayant besoin d'une pollinisation croisée pour fructifier.

UN GOÛT DE CANNELLE

Les 4 pétales charnus de la fleur solitaire, blanc sur le revers et rouge rosé à l'intérieur, ont tendance à se recourber : le bouquet d'étamines rouges à anthères jaunes est alors bien visible. Cela participe à la beauté ornementale de l'arbuste persistant, dont le port touffu et bien ramifié permet une utilisation en brise-vue. Les feuilles épaisses et coriaces sont simples, opposées, vert foncé sur le dessus, blanc argenté et tomenteuses au revers. Le fruit est une baie verte, ovale, de belle taille (6 cm de long). Dans son milieu naturel, la fleur est pollinisée par des oiseaux, qui se régalent aussi des pétales. Leur goût de cannelle vous plaira peut-être également !

Acca sellowiana

Milieu d'origine : Broussailles et bois clairs d'Amérique du Sud (Brésil, Uruguay).
Culture : Dans un sol riche et léger, neutre à acide, bien drainé. Apprécie les régions côtières au climat doux. Exposition en plein soleil. Tolérant à la sécheresse.
Plantation : Vous planterez votre goyavier du Brésil au printemps en sol meuble et fertile à l'abri des vents froids, près d'un mur exposé plein sud ou dans une haie libre. En régions fraîches, vous pourrez le planter dans un grand pot et le rentrer en hiver afin de faciliter la fructification.
Taille : L'arbuste supporte bien la taille, de préférence en fin d'hiver. Éliminez les branches enchevêtrées ou abîmées, le bois mort, et taillez les rameaux bas pour dégager le tronc et alléger la plante. Aérez le centre du houppier.
Cultivars : *A. sellowiana* 'Coolidge', *A. sellowiana* 'Triumph', *A. sellowiana* 'Mammouth', *A. sellowiana* 'Appolo'.
Nuisibles éventuels : Pucerons, cochenilles et otiorhynques.
Rusticité : Plutôt bonne, jusqu'à -10 °C. Mais les températures négatives mettent à mal la fructification en automne (récolte des fruits en novembre).
À voir : Au Jardin des Plantes (Paris).

Ipomée lobée

De la famille des Convolvulacées, le genre *Ipomoea* compte plus de 500 espèces de vivaces grimpantes volubiles, rampantes, d'annuelles et même d'arbustes persistants. L'ipomée lobée est une vivace grimpante dont la floraison spectaculaire dure tout l'été (de juin à octobre).

PLUMES D'INDIEN

L'inflorescence en grappe érigée présente des fleurs tubulaires, disposées de part et d'autre de la tige cramoisie. Celles-ci changent de couleur au cours de leur développement. Les boutons floraux écarlates deviennent orange vif après l'éclosion, puis les pétales jaunissent et au fil du temps prennent une teinte plus pâle. Les étamines et les pistils ont une belle longueur; les anthères (loges du pollen) sont saillantes. La vivace a reçu le surnom de « plumes d'Indien »... Ses fleurs incandescentes ne font-elles pas penser aux coiffes amérindiennes ?

UNE BELLE VOLUBILE

De croissance rapide, l'ipomée lobée s'enroule autour d'un support et crée un effet visuel époustouflant tout l'été. Les feuilles pétiolées ont une allure singulière. Alternes, trilobées, échancrées, elles mesurent une dizaine de centimètres de long et de large. Mellifère et nectarifère, l'ipomée attire abeilles et papillons. Son fruit ? Une capsule globuleuse à 4 valves, contenant chacune une graine brun noirâtre.

Ipomoea lobata

Milieu d'origine : Sous-bois de feuillus du Mexique et de l'Amérique centrale.
Culture : Tout type de sol frais, riche et drainant. En plein soleil.
Plantation : Semez directement en pleine terre votre ipomée au mois de mai, près d'un support (treillage, grillage, pergola, trépied, etc.). Récoltez les graines dès les premières gelées pour les conserver au sec. Cette vivace est cultivée en annuelle sous nos climats.
Multiplication : Semis sous châssis en avril. Repiquage en godet et plantation mi-mai.
Cultivars : *I. lobata* 'Exotic Love', *I. lobata* 'Citronella'.
Maladie éventuelle : Oïdium.
Rusticité : Non rustique, pas en dessous de 10 °C.
À voir : Au Jardin botanique Val Rahmeh-Menton (Alpes-Maritimes).

S'INSPIRER : LES ROSES

JARDIN DE ROSES ET DE ROCHES DU JARDIN DES PLANTES (PARIS)

Fleur des poètes, des amoureux, des mythes, Sa Majesté la Rose fut très tôt considérée comme la reine des fleurs dans l'Égypte ancienne, la Grèce antique et chez les Romains. La rose a une très longue histoire. Son ancêtre est bien plus ancien que notre espèce et remonterait à 60 millions d'années. De plus, les rosiers ont un ancêtre commun avec les fraisiers ! Eux-mêmes descendent d'une lignée qui a donné aussi les framboisiers. Tous ensemble, avec les pruniers, pommiers et poiriers, ils constituent la grande famille des Rosacées, l'un des groupes de plantes les plus cultivés dans les jardins.

LA CULTURE DE LA ROSE

De la famille des Rosacées, le genre *Rosa* compte 250 espèces d'arbustes épineux buissonnants ou sarmenteux, parfois grimpants, poussant dans les régions tempérées et subtropicales de l'hémisphère Nord. Et 20 000 variétés cultivées en Chine depuis cinq mille ans. Les roses de jardin se sont ensuite répandues dans le reste du monde.

En France, la culture du rosier s'est développée dès le XIIIe siècle. La rose de Provins (*Rosa gallica officinalis*), célèbre espèce à fleurs pourpres et au parfum puissant, fut rapportée de Terre sainte et cultivée pour des raisons médicinales. On l'appelait aussi la « rose des apothicaires ».
Au Moyen Âge, on fabriquait déjà de l'essence de rose. L'introduction de rosiers de Chine et du Japon au XVIIe siècle permit des croisements. Les rosiéristes donnèrent vie à des hybrides vigoureux, capables de résister au froid de nos hivers. Des milliers de variétés et cultivars, regroupés sous le nom de « roses anciennes », furent créés avant 1867. Puis, à cette date, le fameux hybride 'La France', inventé par le rosiériste lyonnais Guillot, serait à l'origine de la plupart de nos roses modernes. Quant à la fameuse rose de Damas, si chère à la parfumerie, elle est issue du croisement entre un rosier européen (*R. gallica*) et deux rosiers d'Asie (*R. moschata* et *R. fedtschenkoana*).

AU JARDIN DES PLANTES À PARIS

Situé le long de la Galerie de minéralogie, le jardin de roses et de roches créé en 1990 présente 350 variétés de roses anciennes et contemporaines. L'histoire de cette fleur mythique et de ses sélections se déroule sous nos yeux. Vous pourrez y découvrir des espèces botaniques sauvages, des hybrides historiques tels que le rosier 'Blush Noisette', inventé par les frères Noisette à partir de graines venues de Caroline du Nord, ou celui du rosiériste Jean-Pierre Vibert créé en 1835, portant le nom amusant de *R.* 'Cuisse de Nymphe Émue'. Vous verrez des rosiers remontants et sous les arches de splendides rosiers grimpants issus d'hybridations moins anciennes. Ces rosiers lianes que l'on peut faire grimper sur le tronc d'un arbre, sur un mur, dans une haie, le long d'une clôture donnent au jardin une profusion de fleurs en guirlandes poétiques. Sur les pelouses parsemées de massifs en demi-lune, l'histoire de la rose se poursuit à travers différents cultivars, y compris les plus récents. Au milieu des fleurs, vous apercevrez des roches, évocation de la riche collection de minéraux du Muséum. Déambuler parmi ces centaines de variétés de roses simples ou doubles, aux parfums tantôt subtils, tantôt puissants, invite à la rêverie. Une belle promenade au cœur d'un patrimoine végétal envoûtant !

COMMENT ENTRETENIR SES ROSIERS ?

Il est important de tailler ses rosiers chaque année. Bien sûr, en fonction des variétés, la taille ne se fait ni de la même manière, ni au même moment. Nous précisons comment tailler les rosiers page 46. Sensibles aux maladies et aux nuisibles, les rosiers sont à traiter régulièrement dès le départ de la végétation. Page 107, la lutte biologique est évoquée à travers divers remèdes naturels. Cela vous aidera à bien les soigner.

3

BON À SAVOIR

À l'occasion des fêtes de la Nature, vous pouvez rencontrer les jardiniers du Muséum. Les visiteurs de la roseraie bénéficieront de leurs connaissances.

Page précédente : Vue générale du jardin des roses et des roches. 1. Rose 'Roseraie de l'Haÿ'. 2. Rose 'La France'. 3. Arches de rosiers grimpants du jardin des roses et des roches. 4. Rosa chinensis.

ÉTÉ

Jardin botanique Val Rahmeh-Menton (Alpes-Maritimes)

LES SOIRÉES SE PROLONGENT AU JARDIN : c'est la belle saison des invitations. Amis et famille se réunissent autour des dons de la nature : salades de tomates, fruits, vin... Soudain, il pleut. Nous rions du ballet des plats vers la maison. « En été, orage de nuit, peu de mal mais que de bruit », dit un vieux dicton.

Physiologie végétale

Températures chaudes et journées longues.

Photosynthèse à son apogée, favorisant croissance des feuilles, des tiges et des fruits.

Production par les feuilles de sève élaborée.

Risque de stress hydrique, en raison d'une évaporation plus élevée.

La reproduction sexuée des plantes

Au cours de l'évolution, la graine est apparue avec la naissance des conifères. Elle a ensuite grandement évolué au Crétacé, quand sont nées les plantes à fleurs. Il existe toutes sortes de graines, d'aspect, de couleur, de texture, de taille, de diamètre différents. Mais pour qu'un embryon se forme, il faut que les gamètes mâles contenus dans le grain de pollen et le gamète femelle contenu dans le sac embryonnaire du pistil se rencontrent. Comment cela se passe chez les plantes à fleurs ? Le pollen atterrit sur la partie haute du pistil (le « stigmate »). S'il est reconnu, c'est-à-dire compatible, le grain est accueilli et développe un tube dit « pollinique » à l'intérieur du style (partie qui relie le stigmate à l'ovaire). Ce tube transporte 2 gamètes mâles jusqu'à l'ovaire, au fond du pistil. L'un fusionne avec des cellules spécialisées, et l'autre avec le gamète femelle. Il y a donc une double fécondation chez nos plantes à fleurs, un phénomène unique dans le vivant. La première fécondation crée l'albumen - une réserve nutritive pour l'embryon - et la seconde fécondation crée l'embryon qui se développera en plantule lors de la germination.

En cette saison, il est bon de :

Arroser : apport d'eau pour éviter le stress hydrique des plantes jeunes ou qui sont en pot (peu de réserves d'eau disponibles).

Ombrager : protection des plantes sensibles à la chaleur en utilisant des techniques d'ombrage temporaire.

Désherber : quand les adventices rivalisent avec les plantes du jardin pour les nutriments et l'eau.

Tailler les arbustes : au cours de cette période de croissance active pour de nombreux arbustes, éviter la taille sévère. Des tailles légères sont possibles pour maintenir une forme ou enlever les pousses indésirables.

Utiliser du paillis pour aider le sol à retenir l'humidité.

Éliminer des fleurs fanées : pour encourager une nouvelle floraison et empêcher les plantes de consacrer de l'énergie à la production de fruits et de graines.

Installer des tuteurs ou des supports pour les plantes vivaces hautes ou grimpantes qui pourraient avoir besoin de soutien supplémentaire pendant leur croissance estivale.

07

La faune est menacée par les pics de chaleur et les nuits trop chaudes.

juillet

Les animaux ont besoin d'eau mais aussi d'ombre et de refuge.

Une haie champêtre leur offre des cachettes où se préserver de la canicule : oiseaux, petits mammifères et amphibiens s'y abritent. Soit dans le feuillage, soit au niveau du sol ou dans des terriers. Des tas de bois laissés au jardin fournissent aussi de bons abris pour de nombreux insectes et les gastéropodes. Une mare est idéale en vue d'abreuver les oiseaux qui ne boivent qu'en vol ; elle procure également des zones de fraîcheur pour la biodiversité, surtout si vous avez planté autour des iris, des papyrus, et laissé des herbes folles. Connaissez-vous le bac à boue ? Facile à faire à partir d'un vieux plateau ou d'un bac de jardinière, qui sera rempli de terre argileuse à arroser, il aidera les hirondelles. La boue, de plus en plus rare à dénicher dans la nature, est le meilleur matériau pour consolider les nids de ces oiseaux et éviter ainsi la chute des oisillons. Pour vos amis butineurs, vous pouvez prolonger les floraisons de certaines vivaces, semer des bisannuelles, ou encore multiplier par division les plantes que vous aimez… Un travail joignant l'utile à l'agréable vous attend !

LES BONS GESTES EN JUILLET

Semer les bisannuelles

→ Si vous désirez égayer vos massifs au printemps prochain, c'est le bon moment pour faire des semis de fleurs bisannuelles. Ajoutées à vos bulbes et vos vivaces, elles vous donneront une belle diversité, et des floraisons qui s'échelonneront jusqu'à la rentrée.

LES PLANTES BISANNUELLES OU CULTIVÉES AINSI :

L'ANGÉLIQUE
LE BUGLOSSE
LA CAMPANULE PYRAMIDALE
LA DIGITALE POURPRE
LA GIROFLÉE RAVENELLE
LA JULIENNE-DES-DAMES
LA MOLÈNE
LA MONNAIE DU PAPE
LE MUFLIER
LE MYOSOTIS
L'ŒILLET DE POÈTE
LA PÂQUERETTE
LE PAVOT D'ISLANDE
LE PIED D'ALOUETTE
LA PRIMEVÈRE
LA PENSÉE
LE POIS DE SENTEUR
LA ROSE TRÉMIÈRE

Rabattre certaines vivaces

→ On rabat les vivaces pour deux raisons principales. La première, lorsque la floraison s'étiole, en vue de booster certaines plantes et les voir refleurir au cours de l'été. La deuxième, en vue d'éviter que certaines maladies, comme l'oïdium, se propagent en hiver. Le jardinier agit alors en automne. Il évite ainsi également la propagation de nuisibles éventuels et aide les plantes pérennes à se protéger du froid. Intéressons-nous, en ce premier mois de l'été, à la manière dont nous pouvons prolonger les floraisons. Il suffira de rabattre modérément certaines vivaces. Voici une petite liste de celles qui pourront refleurir après cette action.

L'ALCHÉMILLE MOLLIS
L'ACHILLÉE
LA CAMPANULE
LE DELPHINIUM
LA DIGITALE
LE LUPIN
LE PHLOX
LA VALÉRIANE

LES PINCER !

Vous pouvez aussi pincer vos vivaces. Cette action, qui consiste à éliminer à la main ou au sécateur l'extrémité des rameaux principaux, favorise la pousse de rameaux latéraux et permet de donner à la plante un port compact, dense, et des tiges plus florifères. Voici une petite liste des vivaces que vous pouvez pincer :

- L'ANTHÉMIS
- LE GAURA
- LE LEUCANTHEMUM
- LE PENSTEMON
- LE PHLOX
- LE RUDBECKIA
- LE SOLIDAGO
- LE TOURNESOL
- LA VERVEINE DE BUENOS AIRES

Diviser les vivaces

→ En juillet, le jardinier consacre aussi du temps à la multiplication des vivaces. Comment sont vos iris ? Ont-ils fleuri moins bien que l'année dernière ? Les touffes semblent serrées les unes contre les autres ? Il est temps de diviser les rhizomes pour leur redonner de la place et de la vigueur. Les hampes florales de l'année suivante seront bien plus généreuses. Quant à la sauge, si elle est dans sa quatrième année de développement, la nettoyer et diviser la motte lui sera profitable (agissez plutôt au printemps). Vous trouverez les méthodes de ces gestes pages 152-153.

S'inspirer

→ Et si vous donniez à votre jardin un petit air du Levant en plantant des marguerites venues du Japon ? ou une zone d'ombre sous laquelle s'abriter grâce au poétique arbre à soie ? Vous pouvez aussi faire des découvertes gustatives avec le lotus sacré... En juillet, vos amies les plantes vous gâtent de mille et une façons (voir pages 160-163). Et la suzanne-aux-yeux-noirs, vous l'aimez ? Direction la Côte d'Azur, pour scruter de plus près le genre *Thunbergia*. Au Jardin botanique Val Rahmeh-Menton, ces grimpantes aux corolles vives et gorges contrastantes nous en mettent plein les mirettes !

LES SEMIS DE BISANNUELLES

Vous les sèmerez directement au jardin, dans une parcelle ameublie et désherbée, ou en clayette afin de mieux contrôler l'arrosage.

Matériel

Des clayettes ou caissettes, du terreau spécial semis, un semoir, des graines.

MÉTHODE

1 → Versez votre terreau dans la clayette. Avant, vous pouvez placer au fond un morceau de carton de la taille du contenant pour combler les orifices.

2 → Lissez à la main votre terre.

3 → Déposez vos graines à l'aide d'un semoir.

4 → Recouvrez légèrement de terreau.

5 → Placez votre clayette dehors, à mi-ombre, où il ne fait pas trop chaud (sous le feuillage d'un arbuste, par exemple). Ou dans une véranda aérée, en situation abritée du soleil direct.

6 → Arrosez délicatement avec la pomme de l'arrosoir, puis vérifiez régulièrement au cours de la levée les besoins en eau.

7 → Éclaircissez quand les petites plantules sont sorties.

8 → Repiquez en godet une fois qu'elles se sont développées sur 5 cm environ.

1. Pavot d'Islande. 2. Pâquerette 'Robella'. 3. Digitale pourpre.

LA DIVISION DES IRIS

Cette action est souvent bénéfique pour la plante. Dans le cas des iris, cela permet de régénérer les touffes en repartant de rhizomes jeunes et productifs.

Matériel

Une fourche-bêche, un sécateur, un couteau désinfecté et aiguisé, de la corne broyée ou du compost, du sable et des gants.

MÉTHODE

1 → Enfoncez votre fourche-bêche autour des touffes, en prenant soin de rester à distance des rhizomes (environ une dizaine de centimètres tout autour).

2 → Faites levier pour déterrer la touffe.

3 → Retirez la terre en secouant gentiment la touffe.

4 → Munissez-vous du couteau et coupez des morceaux de rhizomes de 8 cm de long. Vos coupes seront franches et vous privilégierez les jeunes rhizomes qui se situent en périphérie. Veillez à ce que ceux-ci aient de belles petites racines et de jeunes feuilles.

5 → Ne conservez pas le rhizome central, trop vieux. Jetez-le au compost s'il n'est pas parasité.

6 → Raccourcissez au sécateur les feuilles - elles doivent mesurer 10 cm maximum - ainsi que les racines (4 cm).

7 → Plantez directement vos morceaux de rhizomes dans une terre ameublie, enrichie en compost ou corne broyée, et mélangée à du sable pour le drainage.

8 → Espacez-les d'une vingtaine de centimètres et laissez affleurer le rhizome.

9 → Arrosez après plantation et jusqu'à ce que chaque iris ait produit de nouvelles feuilles.

LA DIVISION DES SAUGES

Les sauges se bouturent aisément, mais ces plantes aromatiques ont tendance à prendre beaucoup de place avec le temps. Dans ce cas, vous pouvez diviser. Tous les 3-4 ans, une sauge sera contenue par division et ainsi renouvelée. Vous prolongerez de cette façon la durée de vie de votre plante et en obtiendrez de nouvelles. Une belle occasion pour en offrir et/ou embellir encore un peu plus votre havre de paix végétal.

Matériel

Une fourche-bêche, un sécateur, un couteau désinfecté et aiguisé, du paillage d'été et des gants.

MÉTHODE

1 → Enfoncez la fourche-bêche à une quinzaine de centimètres des rameaux périphériques.

2 → Creusez en cercle autour de la plante.

3 → Déterrez votre motte et nettoyez votre sauge en retirant les parties abîmées avec le sécateur.

4 → Au couteau, découpez la motte afin de la diviser, en deux par le milieu, ou plus selon sa dimension et votre désir de multiplication.

5 → Coupez au sécateur quelques centimètres au niveau des racines.

6 → Replantez directement vos mottes et mettez du compost à leur pied.

7 → Arrosez.

FARNIENTE AU JARDIN

Prendre le goûter sous les étamines roses de l'arbre à soie ; se prélasser près du bassin et contempler les fleurs du lotus sacré ; lire dans un transat en compagnie des marguerites du Japon... La vie est belle, comme les fleurs de la sélection du mois de juillet !

Araucaria du Chili

De la famille des Araucariacées, le genre *Araucaria* compte une vingtaine d'espèces de conifères persistants. Ce sont des arbres dioïques. On cultive pour son aspect ornemental l'araucaria du Chili sous nos climats, car il est le plus rustique de son genre.

POURQUOI DÉSESPÈRE-T-IL LES SINGES ?!

Vous l'aurez sans doute deviné, il ne doit pas être agréable de grimper sur les branches du résineux : ses aiguilles sont très pointues et piquantes ! Mais le surnom donné à l'arbre de « désespoir du singe » nous vient des Anglais, qui précisent même dans le nom vernaculaire employé que l'araucaria est un casse-tête pour l'animal. Or, il n'y a pas de primates dans l'habitat naturel du conifère... Il s'agit d'une boutade *so British* !

UN MYSTÈRE DANS L'ARBORETUM

La beauté graphique de l'araucaria provient de son port étonnant, de ses rameaux en hélice et de ses feuilles coriaces, triangulaires, qui s'imbriquent en spirale autour des branches. L'écorce gris-brun est ridée comme la peau d'un éléphant et pourvue d'écailles. Les cônes sont hautement décoratifs ; toutefois il est rare d'en profiter dans nos jardins. D'une vingtaine de centimètres, les mâles cylindriques et les femelles ovoïdes apparaissent sur des arbres séparés au bout de plusieurs années. Mais à l'Arboretum de Versailles-Chèvreloup, à côté d'un pied d'araucaria mâle et d'un pied femelle, pousse un arbre hermaphrodite. Un mystère propre à la polymorphie sexuelle des plantes !

Araucaria araucana

Milieu d'origine : Pentes volcaniques des Andes chiliennes et argentines.
Culture : Dans tout type de sol fertile, même acide, drainant et frais. À l'abri des vents desséchants. Au soleil.
Plantation : En automne, vous planterez par exemple sur une pelouse votre araucaria en trou profond. Utilisez un mélange de terreau universel et de terre de jardin, et prévoyez de l'espace. Bien qu'il pousse lentement, l'arbre peut atteindre au fil du temps 15 m de haut et une belle envergure. Arrosez la première année. Paillez son pied avant l'hiver. L'araucaria redoute l'excès d'eau. Une culture en grand pot est possible, dans un terreau spécial conifère, en ajoutant du gravier au fond du contenant. Sa croissance sera dans ce cas limitée.
Taille : Peu recommandée. Taille légère en début d'été, si nécessaire.
Rusticité : Plutôt bonne, jusqu'à -10 °C.
À voir : À l'Arboretum de Versailles-Chèvreloup (Yvelines) et dans les Grandes Serres du Jardin des Plantes (Paris), où d'autres espèces du genre sont présentées.

07 LES PLANTES

Marguerite du Japon

De la famille des Astéracées, le genre *Nipponanthemum* compte une seule espèce. Il s'agit d'une vivace presque sous-arbustive de 60 cm de haut comme de large, qui fleurit longuement de juillet à octobre.

UN AIR DU SOLEIL LEVANT

La vivace offre des bouquets de capitules blancs de belle taille (jusqu'à 6 cm de diamètre). Elle se développe en buisson et dégage un parfum subtil. Sur les zones côtières de Honshu, la plus grande île du Japon, ces marguerites forment des prairies de toute beauté.

JE T'AIME UN PEU, BEAUCOUP...

Les fleurs du disque central, vertes puis jaunes, sont visitées par les papillons qui participent à leur pollinisation. Les feuilles non pétiolées sont aromatiques. Étroites, spatulées et à bord irrégulièrement denté, elles mesurent une petite dizaine de centimètres et poussent de manière alterne. Les tiges sont dressées ou étalées. La marguerite du Japon garnira joliment un muret, une bordure d'allée ou un massif. Vous l'arroserez de préférence à l'eau de pluie, généreusement mais pas trop souvent. Un paillis de feuilles mortes en hiver (surtout en région froide) protégera la souche.

Nipponanthemum nipponicum

Milieu d'origine : Régions côtières du Japon.
Culture : Dans un sol bien drainé, ordinaire à pauvre. En plein soleil. Vivace rustique mais frileuse, appréciant les bords de mer.
Plantation : Vous planterez en fin d'hiver vos marguerites du Japon en apportant du gravier au fond du trou, voire en ajoutant du sable à votre terre, et en les espaçant d'au moins 50 cm. Culture possible en gros pot sur une terrasse.
Taille : N'hésitez pas à tailler sévèrement votre vivace à la fin de l'hiver pour garder un port harmonieux et compact.
Multiplication : Par division des touffes en juillet.
Nuisibles éventuels : Limaces et pucerons.
Rusticité : Plutôt bonne, jusqu'à -10 °C en sol sec.
À voir : À l'École de botanique du Jardin des Plantes (Paris).

Arbre à soie

De la famille des Fabacées, le genre *Albizia* compte une centaine d'espèces d'arbres, d'arbustes et de grimpantes à feuilles caduques. L'arbre à soie est remarquable pour son port en parasol, ses longues feuilles composées et ses gracieux panicules floraux. Il fleurit de juillet à août.

SOUS LE PARASOL

Pour profiter de zones ombragées au cours de nos étés de plus en plus chauds, l'arbre à soie est un excellent choix, surtout pour les jardins du Sud. Son port en parasol protège de la chaleur, tandis que le parfum floral chatouille agréablement les narines. La fleur est hermaphrodite, nectarifère et mellifère. Le bel arbre attire les abeilles et les papillons. Son fruit est une gousse d'une dizaine de centimètres.

DES FLEURS OU DES PLUMES ?

Le feuillage de cette fabacée est une merveille de complexité, un peu comme celui de la fougère. Il comporte des feuilles alternes présentant chacune une dizaine de paires de folioles, elles-mêmes divisées en foliolules. Légère et sensitive tel le mimosa, une feuille composée peut atteindre 40 cm de long et 25 cm de large. Quant à la floraison de l'arbre, elle fait penser à des plumes de soie. Réunies en grappe terminale au bout d'un long pédoncule, les fleurs parfumées ont un aspect décoratif indéniable. Ce que l'on voit, ce sont les très nombreuses et longues étamines, blanches à la base et rose vif sur le haut. Les pétales et les sépales se révèlent peu visibles.

Albizia julibrissin

Milieu d'origine : Zones subtropicales de l'Iran et du Japon.
Culture : Dans un sol ordinaire à pauvre, drainant, non argileux. En plein soleil.
Plantation : Au printemps, vous planterez dans un trou d'au moins 80 cm de profondeur votre arbre à soie en veillant à lui donner beaucoup d'espace autour (sa ramure peut atteindre 10 m d'envergure). Agrémentez la terre de gravier ou de pouzzolane et tuteurez le jeune arbre. Choisissez un endroit peu venteux, bien ensoleillé, éloigné de la maison et de la terrasse, car son système racinaire très développé est traçant.
Taille : Taillez le bois mort et abîmé pour conserver un bon port, ou sévèrement en vue de le contenir. Une taille sévère provoque des rejets vigoureux.
Variétés et cultivars : *A. julibrissin* 'Alba', *A. julibrissin* 'Rosea', *A. julibrissin* 'Ombrella', *A. julibrissin* 'Summer Chocolate'.
Rusticité : Bonne, jusqu'à -15 °C.
À voir : À l'École de botanique du Jardin des Plantes (Paris).

Lotus sacré

De la famille des Nelumbonacées, le genre *Nelumbo* compte 2 espèces de vivaces aquatiques. Le lotus sacré, symbole de pureté et d'épanouissement de l'âme, produit des fleurs de grand diamètre (20-30 cm) de juin à juillet, par été chaud.

MIAM, LE LOTUS !

Toutes les parties de la vivace sont comestibles. En Asie, on mange les rhizomes, les fleurs, les pédoncules, les jeunes feuilles et les graines de *Nelumbo nucifera*. À tester dans nos salades d'été...

ÇA CHAUFFE LÀ-DEDANS...

Il n'est pas étonnant que cette fleur soit associée en Inde à l'épanouissement de l'âme. Quel bonheur de voir danser au-dessus du bassin les longs pédoncules au bout desquels les somptueux pétales rosés du lotus s'ouvrent dès que la lumière est suffisante. La nuit, la belle se referme mais ne s'endort pas... au contraire. Sa température peut monter jusqu'à 36 °C, ce qui lui permet notamment de dégager un subtil parfum le matin, et d'attirer les butineurs : des abeilles ou des syrphes. Les feuilles peltées du lotus sont spéciales : elles possèdent des propriétés autonettoyantes qui les préservent des salissures et favorisent la photosynthèse. On les dit « hydrophobes » : l'eau ne reste pas sur elles.

Nelumbo nucifera

Milieu d'origine : Dans les eaux peu profondes d'Asie tropicale et subtropicale, et du nord de l'Australie.
Culture : En bassin peu profond là où il ne gèle pas, sinon plus profond, au soleil.
Plantation : Vous planterez votre lotus dans un panier ajouré et une terre lourde, enrichie de compost bien décomposé. Si vous avez des poissons, ajoutez en surface de terreau un peu de pouzzolane en vue de protéger le rhizome. Immergez la vivace rhizomateuse à 70 cm de profondeur. Ensuite, elle demandera peu de soins, juste la suppression de feuilles jaunies et un apport de compost en hiver. Profitez de l'entretien annuel du bassin pour la rempoter et la nettoyer.
Cultivars : *N. nucifera* 'Charles Thomas', *N. nucifera* 'Alba Grandiflora', *N. nucifera* 'Gigantea', *N. nucifera* 'Pekinense Rubra'.
Rusticité : Peu rustique. Le lotus supporte de courtes périodes de gel s'il est immergé suffisamment profondément pour que le gel ne l'atteigne pas.
À voir : Au Jardin botanique Val Rahmeh-Menton (Côte d'Azur) et au Jardin des Plantes (Paris).

Faux philodendron

De la famille des Aracées, le genre *Monstera* compte plus de 60 espèces de plantes grimpantes à feuilles persistantes, souvent épiphytes. *Monstera deliciosa* est cultivé en intérieur pour son beau feuillage ; il fleurit (rarement dans nos maisons) au bout de quelques années en été.

VRAI MONSTRE TROPICAL

Dans les Grandes Serres du Muséum, l'écosystème de la forêt tropicale humide est bien expliqué et présenté dans un espace riche d'espèces venues d'Afrique, d'Amérique centrale et du Sud, d'Asie du Sud-Est et d'Australie. Vous y trouverez *Monstera deliciosa*, qui dans la nature est épiphyte. Il se développe en liane sur les troncs des arbres pour profiter au plus vite de la lumière, en haut de la canopée.

DÉLICIEUSEMENT DÉCORATIF

Avec ses grandes feuilles longuement pétiolées, perforées de trous entre les nervures principales, la vigoureuse grimpante produit un bel effet ornemental dans nos intérieurs. Ses fleurs ? Elles sont minuscules, apétales et rassemblées en long épi central dans une spathe blanc crème. Le nom « deliciosa » est dû à son fruit d'une vingtaine de centimètres de long qui, bien mûr, a un goût d'ananas. Attention, jeune, le fruit est toxique !

Monstera deliciosa

Milieu d'origine : Forêt tropicale humide d'Amérique centrale et du Sud.
Culture : En serre ou véranda, sous une lumière vive et indirecte, dans un sol riche en humus, bien drainé, frais.
Plantation : Choisissez un pot de deux fois la taille de la motte, au fond duquel vous mettrez une bonne couche de billes d'argile ou de gravier, puis un terreau pour plantes d'intérieur. Le monstera redoute le soleil direct et supporte bien une lumière tamisée. Évitez aussi les radiateurs, car la plante apprécie peu les chaleurs sèches, vu son milieu d'origine. Arrosez souvent mais modérément aux beaux jours et brumisez les feuilles. En hiver, réduisez les arrosages (attendez que la terre soit sèche). Rempotez dès que la plante s'est bien développée.
Taille : Le monstera supporte bien la taille ; s'il monte trop, vous pourrez même couper les feuilles du haut avec leur tige et en faire des boutures.
Cultivars et autres espèces : *Monstera* 'Albo Variegata', *Monstera* 'Monkey Mask', *M. latevaginata*, *M. adansonii*.
Nuisibles éventuels : Cochenilles et araignées rouges.
Rusticité : Non rustique. Ne supporte pas le gel ni les longues périodes de froid.
À voir : Dans les Grandes Serres du Jardin des Plantes (Paris) et au Jardin botanique Val Rahmeh-Menton (Alpes-Maritimes).

S'INSPIRER : LES THUNBERGIAS

JARDIN BOTANIQUE VAL RAHMEH-MENTON (ALPES-MARITIMES)

Dans la famille des Acanthacées, on demande les très beaux *Thunbergia* ! Un genre qui comprend plus de 150 espèces, parmi lesquelles des annuelles, des vivaces, des grimpantes et même des arbustes. Nous connaissons bien la suzanne-aux-yeux-noirs (*T. alata*) à corolles orange et gorge noire, mais il en existe de bien d'autres couleurs : bleue, violette, blanche, rouge, jaune... Les fleurs souvent en entonnoir présentent 5 lobes étalés et naissent à l'aisselle des feuilles de façon solitaire, ou en grappe terminale. Leur floraison a lieu tout l'été et se poursuit jusqu'au mois de novembre sous climat méditerranéen. Ce sont des plantes non rustiques qui aiment la chaleur ; elles poussent dans les forêts tropicales et sur les parois rocheuses d'Afrique du Sud, de Madagascar et d'Asie du Sud. Le nom de genre est un hommage rendu au botaniste suédois du XVIIIe siècle, Carl Peter Thunberg, un ami et disciple de l'inventeur de la classification des plantes par genre et espèce, Carl von Linné.

AU JARDIN BOTANIQUE VAL RAHMEH-MENTON

Sur la Côte d'Azur, le climat est idéal pour cultiver diverses variétés et espèces de *Thunbergia*. Sur la baie de Garavan, le Jardin botanique Val Rahmeh-Menton bénéficie d'un emplacement particulièrement avantageux. Les hivers doux, les étés bien chauds, l'humidité régulière offrent de les conserver en place d'une année sur l'autre. Le splendide thunbergia à grandes fleurs (*T. grandiflora*), une liane aux inflorescences bleu-lavande, grimpe, s'étale et s'étoffe sur plusieurs mètres. Il se faufile entre les balustrades de pierre qui encadrent la terrasse de la villa. Celle-ci, de style italo-provençal, apporte aussi beaucoup de charme au domaine par la couleur ocre de ses murs. Autrefois habitée, elle sert aujourd'hui de bureaux, de carpothèque, de séminothèque et de lieu de conservation de l'herbier.

Dans le jardin, vous trouverez aussi un cultivar de thunbergia à fleurs blanches : *T. grandiflora* 'Alba', une liane aux inflorescences rouge orangé, venue de l'Inde : *T. coccinea*, ou encore une belle grimpante à fleurs orange vif : *T. gregorii*.

Page précédente : Thunbergia grandiflora. *1.* Thunbergia grandiflora. *2.* Thunbergia gregorii. *3.* Thunbergia coccinea.

⊕ LA CULTURE DE CES GRIMPANTES FRILEUSES

En pleine terre

De croissance rapide, les *Thunbergia* peuvent tout à fait se cultiver en annuelles dans les régions froides. Au cours d'un été, ils se développent sur 2-3 m en tous sens. Ces plantes apprécient les sols fertiles, filtrants et frais, le soleil et une situation abritée du vent. Selon les espèces, vous pourrez les laisser grimper sur une pergola, un grillage, un tuteur pyramide au milieu d'un massif, les faire courir sur le sol au pied d'un arbre, les planter en suspension pour les voir dégringoler le long d'un mur, etc. Il est possible de les semer directement en terre à partir de mi-mai et jusqu'en juin, ou d'installer des mottes en les espaçant de 30 cm après les dernières gelées. Pour le drainage, ajoutez du gravier au fond du trou. Enrichissez votre terre avec du compost. Il faudra arroser régulièrement vos *Thunbergia*, qui sont assez gourmands en eau. N'oubliez pas de pailler le sol pour qu'il reste frais.

En pot

La culture en pot se fait dans un mélange de terre de jardin, de terreau et de sable de rivière à raison de 1/3 pour chaque élément. Palissez si vous désirez voir votre plante grimper, ou laissez-la dégringoler. Afin de limiter les arrosages, paillez le pied avec de la pouzzolane par exemple. La plante garnira joliment un balcon ou une terrasse. Elle sera à rentrer l'hiver dans une pièce lumineuse et pas trop fraîche (au-dessus de 10 °C). Entre février et mars, vous lui redonnerez de la vigueur en rabattant un peu la touffe. Supprimez aussi les rameaux défleuris, les tiges enchevêtrées et grêles.

⊕ QUELQUES ESPÈCES ET CULTIVARS POUR VOTRE JARDIN

- *Thunbergia alata* à fleurs orange vif et gorges noires.
- *Thunbergia alata* 'Blushing Susie' à fleurs multicolores et gorges noires.
- *Thunbergia alata* 'Alba' à fleurs blanches et gorges noires.
- *Thunbergia coccinea* à fleurs rouge orangé et gorges jaunes.
- *Thunbergia grandiflora* à fleurs bleues et gorges crème.
- *Thunbergia grandiflora* 'Alba', à fleurs blanches et gorges crème.
- *Thunbergia erecta* à fleurs bleu violacé et gorges jaunes.
- *Thunbergia gregorii* à fleurs orange vif.
- *Thunbergia mysorensis* à fleurs bicolores jaune et brun orangé.

08

L'été atteint son pic d'intensité et la chaleur a permis à certains papillons de produire plusieurs générations.

août

Les chrysalides se développent plus vite, tout comme les larves d'autres insectes.

Le mois d'août est propice à l'observation et ravit les férus d'entomologie. Des espèces rares de syrphes, telles que le nain à taches jaunes (*Paragus quadrifasciatus*), sont revenues dans nos régions depuis le réchauffement climatique. Certains amis à six pattes chantent. Mais pourquoi les sauterelles, les cigales et les criquets émettent-ils des sons ? Chaque espèce a son propre chant et ce sont les mâles qui s'y adonnent pour attirer les femelles… De son côté, l'abeille à culottes, ou dasypode (*Dasypoda hirtipes*), creuse des galeries dans le sol et construit de petites cellules où déposer du nectar et du pollen avant de pondre. Chacun sa chambre ! Oui, la femelle de dasypode pond un œuf par cellule, qu'elle referme aussitôt. Les guêpes nous piquent quand on les dérange. Il faut les excuser… car elles ont fort à faire ! Les populations dans les colonies sont élevées au milieu de l'été ; la concurrence pour la nourriture devient rude. Et si, entre deux pique-niques, nous travaillions un peu ? Pour obtenir par greffe les fruits d'une variété précise, par exemple, entretenir nos plantes aquatiques, ou prélever des graines… Au boulot, les jardiniers !

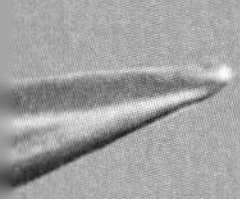

LES BONS GESTES EN AOÛT

Récolter les graines

→ Roses trémières, pavots, clématites, ancolies, zinnias, tournesols, cosmos, nigelles… Selon les espèces et des facteurs extérieurs (climat, présence des pollinisateurs, variétés), nos fleurs se sont transformées en fruits. Chacun est susceptible de détenir des graines qu'au jardin nous pourrons semer soit directement en terre, soit sous châssis. Mais pour voir un jour grandir ces nouvelles plantules, le jardinier ne peut récolter des graines non matures. Apparence du fruit, connaissance sur la manière dont il s'ouvre, couleur de la graine sont autant de signes utiles. La conservation des graines jouera un rôle primordial également. Vous trouverez deux exemples de récolte dans les pages suivantes : les graines de pavot et celles de la clématite.

COMMENT CONSERVER SES GRAINES ?

En règle générale, vous conserverez vos graines dans un abri sec, à l'ombre, à l'intérieur de petits sacs en papier ou d'enveloppes. Pensez à étiqueter chaque sachet, sinon vous ne saurez plus ce que vous semez. Il ne doit pas faire trop chaud dans votre abri. Certaines graines se conserveront mieux au frigo. Les températures de conservation varient en fonction des espèces. (Voir aussi la collection de graines du Muséum, pages 256-259.)

Entretenir un bassin

→ En été, l'eau a tendance à s'évaporer sous l'effet de la chaleur, et le taux d'oxygène diminue dans le bassin. Or les poissons, les bactéries aérobies, les plantes aquatiques ont besoin d'oxygène pour vivre. Les nénuphars et les plantes de berges apportent de l'ombre et permettent de lutter contre la hausse des températures. Mais pour que la vie du bassin soit en équilibre, il est important de limiter leur développement. Ces plantes ne doivent pas envahir le milieu. La prolifération de lentilles d'eau et d'algues filamenteuses provient d'un excès de nitrates. Quand les températures grimpent, cela peut arriver. Mais aussi lorsqu'il y a un peu trop de poissons, à cause des excréments rejetés. Dans ce cas, il vaut mieux en donner quelques-uns à des amis ou à des voisins. Pour nettoyer le bassin de ses lentilles et des algues, vous les retirerez simplement à l'aide d'une épuisette. Gardez cette matière organique riche en nutriments pour le compost, ou disposez-la directement au pied de vos plantes.

COMMENT OXYGÉNER L'EAU DU BASSIN ?

• Utiliser des plantes oxygénantes telles que la callitriche des marais (*Callitriche palustris*), le cornifle immergé (*Ceratophyllum demersum*), la fontinale commune (*Fontinalis antipyretica*), la pesse d'eau (*Hippuris vulgaris*), le potamot luisant (*Potamogeton lucens*), la renoncule d'eau (*Ranunculus aquatilis*), la violette d'eau (*Hottonia palustris*), etc.

• Utiliser une pompe à air : le modèle dépend de votre volume d'eau. Elle sera à placer à proximité de votre bassin. Un diffuseur et un tuyau adaptés seront également nécessaires. Une pompe à air garantit une bonne oxygénation, tout en consommant peu d'électricité. Vous la ferez fonctionner toute l'année.

• Utiliser une pompe à eau solaire : il en existe de nombreux modèles avec jet, ou pour cascade.

Greffer un fruitier en écusson

→ Vous avez un grand jardin et souhaitez retrouver une variété précise de fruitier ? ou multiplier un rosier ? La greffe en écusson est faite pour vous. Au Jardin botanique Val Rahmeh-Menton, les jardiniers utilisent cette technique bien connue des cultivateurs. Elle se pratique en été et nécessite un porte-greffe. Les photographies vous en montrent un exemple à partir de l'avocatier. Vous pourrez suivre la méthode de cette multiplication page 172.

BON À SAVOIR

Il existe aussi la greffe en fente, qui se pratique à la sortie de l'hiver quand le porte-greffe sort de sa dormance. Fin mars ou début avril, lors de la montée de sève et avant la floraison, il faut prélever une jeune pousse sur l'arbre porteur des fruits souhaités. Les cellules de ce greffon ne sont pas encore différenciées et pourront se développer facilement. Avec un greffoir bien affûté, il faut tailler la base du greffon en biseau et l'insérer sur la branche choisie, préalablement taillée en fente. Cette phase est délicate car les tiges sont très tendres. Ensuite la ligature en raphia permettra aux cellules des deux tiges de cicatriser en 2 à 3 semaines et au greffon de grandir.
Les greffes d'arbres fruitiers permettent d'infléchir l'aspect, la saveur ou la couleur des fruits obtenus.

S'inspirer

→ Se régaler du parfum du frangipanier; profiter de la longue floraison des rudbeckias; admirer un monstre aquatique nommé « Victoria »... La sélection des plantes du mois est des plus rafraîchissantes. Ensuite, on poursuit l'aventure par une plongée au cœur de la collection des nénuphars du genre *Nymphaea*. Destination le Jardin botanique Val Rahmeh-Menton pour profiter de son grand bassin et de ces fleurs d'eau sublimes!

LA RÉCOLTE DE GRAINES

Elle s'effectue toujours par temps sec et bien que chaque cas soit unique, la règle générale est d'observer le fruit. S'il est sec et brun, le temps de la récolte est opportun. Il sera aussi nécessaire de trier pour ne pas conserver ce qui semble attaqué ou abîmé. Voici deux exemples de récolte pour vous guider.

2

Matériel

Munissez-vous de sachets en papier ou d'enveloppes, d'un sécateur, de quelques feuilles A4, d'une petite pince à épiler et d'étiquettes.

LA MÉTHODE POUR UN PAVOT

Le fruit est une capsule au sein de laquelle se trouvent les graines. Déhiscent, il s'ouvre par le chapeau et plus précisément par des clapets qui se soulèvent pour libérer les graines à maturité.

1 → Si le fruit est gonflé, séché et son chapeau soulevé, coupez la tige au sécateur.

2 → Prélevez la capsule et glissez-la dans votre sac en papier.

3 → Dans votre serre ou dépendance, secouez le fruit tête en bas, au-dessus d'une feuille blanche.

4 → Glissez le tout dans une enveloppe, étiquetez votre récolte et placez-la à l'abri de la lumière et au sec.

1

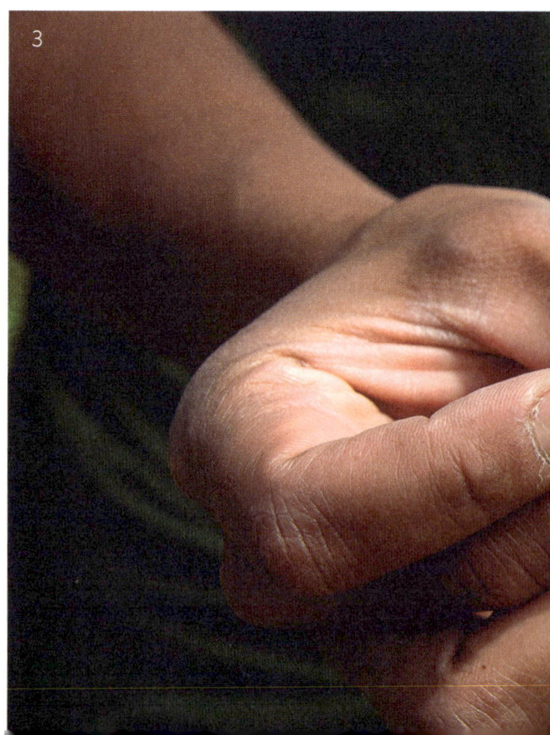

3

1. Graines de pavot. 2. Semences de clématites d'hiver. 3. Semences de renoncule des champs. 4. Récolte des semence de clématite d'hiver.

LA MÉTHODE POUR UNE CLÉMATITE

Les fruits sont des akènes au sein desquels se trouvent une graine. Chaque akène est prolongé par une aigrette plumeuse, comme chez le pissenlit. Ce type de fruit est indéhiscent, il ne s'ouvre pas. On récolte donc les akènes pour les planter par la suite.

1 → Récoltez au jardin l'ensemble de l'infrutescence, que vous déposerez directement dans le sac en papier.

2 → Dans votre serre ou dépendance, sortez délicatement votre récolte et déposez-la sur une feuille de papier.

3 → Retirez avec la petite pince les aigrettes plumeuses.

4 → Séparez délicatement les akènes.

5 → Remettez ceux-ci dans un sac en papier, étiquetez votre récolte et placez-la à l'abri de la lumière et au sec.

L'ENTRETIEN DU BASSIN

L'entretien annuel du bassin s'effectue soit au printemps, soit à la fin de l'été. il consiste à limiter la croissance des végétaux, qui ne doivent pas envahir plus de 50 % de la surface, et à renouveler l'eau à raison de 1/3 de son volume environ.

Matériel

Un seau ou une pompe déjà en place, un sécateur, un géotextile, des paniers percés, une pelle-bêche, un couteau désinfecté et bien aiguisé, un tuyau d'arrosage.

MÉTHODE

1 → Retirez 1/3 du volume d'eau de votre bassin à l'aide d'un ou plusieurs seaux. Et recyclez celle-ci pour arroser le jardin. (Ou utilisez la pompe en l'orientant vers le jardin.)

2 → Sortez les paniers de vos plantes aquatiques pour couper les racines qui dépassent et supprimer les parties mortes.

3 → Si votre plante est colonisée par des algues, ôtez celles-ci et rabattez sévèrement.

4 → Si vous voyez de la mousse sur le substrat, prélevez-la délicatement et replacez-la en bordure de bassin.

5 → Quand votre plante est trop à l'étroit dans le panier, divisez la motte à la pelle-bêche ou au couteau.

6 → Replantez vos mottes dans des paniers percés munis de géotextile. Donnez vos plantes divisées si vous n'avez pas assez de place dans le bassin.

7 → Multipliez une prêle (*Equisetum*) en prélevant simplement une belle tige qui dépasse du panier.

8 → Remettez les plantes en place et, à l'aide du tuyau d'arrosage (ou pompe), remplissez le bassin.

BON À SAVOIR

Si vous avez un grand bassin, les plantes se seront bien développées et les paniers seront lourds à porter. Enfilez un pantalon imperméable et entrez dans l'eau comme les jardiniers du Val Rahmeh-Menton !

LA GREFFE EN ÉCUSSON D'UN FRUITIER

Moins blessante pour le bois que la greffe en fente, cette méthode est particulièrement adaptée aux arbres fruitiers à noyaux, comme l'avocatier, et permet de retrouver les fruits d'une variété assez rapidement.

Matériel

Un greffoir, un sécateur, un ruban de raphia ou un morceau de Cellophane.

MÉTHODE

1 → Coupez une pousse de l'année de la variété que vous souhaitez multiplier.

2 → N'utilisez pas le haut du rameau mais le bas.

3 → Retirez au sécateur les feuilles en laissant un petit centimètre du pétiole (l'œil) ; ce dernier vous servira d'écusson.

4 → Sur le rameau d'un porte-greffe (d'au moins 1 cm de diamètre), à la hauteur choisie, incisez au greffoir l'écorce en formant un « T » sur environ 3 cm de long et 0,5 cm de large.

5 → Avec le plat de la lame du greffoir, soulevez l'écorce délicatement de part et d'autre de votre « T ».

6 → Prélevez votre écusson sur votre greffon. Pour ce faire, vous ferez glisser votre lame 3 cm au-dessus de l'œil sans vous arrêter à ce dernier au risque de l'abîmer. Prolongez votre mouvement 2 cm en dessous de l'œil.

7 → Ôtez la languette de bois de votre écusson prélevé pour laisser le cambium à nu.

8 → Insérez votre écusson dans le « T » que vous avez formé sur le rameau du porte-greffe. Il doit glisser sous l'écorce et l'œil sera dirigé vers l'extérieur.

9 → Ligaturez votre écusson avec du raphia, ou une bande de Cellophane mouillée. Il passera ainsi l'hiver. Cette technique de greffage est dite à « œil dormant ».

10 → Au printemps suivant, rabattez votre porte-greffe au-dessus de votre écusson. C'est lui qui, en grandissant, vous donnera la variété désirée.

EN AOÛT, CURE DE SOLEIL INTÉGRALE

Tels les cactus cierges du désert, les *Victoria* – ces nénuphars XXL baignés de lumière –, ou les frangipaniers des Antilles… nous sommes gorgés de soleil. Quel bonheur d'assister aux floraisons de ces plantes venues de milieux variés… mais tous si ensoleillés !

Frangipanier blanc

De la famille des Apocynacées, le genre *Plumeria* compte une petite vingtaine d'espèces d'arbustes à feuillage caduc ou persistant. Le frangipanier blanc est réputé pour le parfum de ses fleurs qui éclosent tout l'été, à partir de juin.

QUAND L'ÉTÉ RIME AVEC SUAVITÉ

Ce bel arbre pouvant atteindre 2 m en pot possède un feuillage très ornemental. Les fleurs blanches à 5 pétales dégagent une odeur exquise qui, sous climat tropical, attire un grand papillon nocturne, le sphinx du frangipanier (*Pseudosphinx tetrio*). Réunies en corymbe terminal, elles apparaissent au bout de 5 ans de croissance ; les papillons de nos contrées les visitent. En revanche, elles sont trop parfumées pour nos abeilles. Ces butineuses hors pair sont friandes d'odeurs subtiles et légères. Mais pour nos narines... quel parfum ! On en mangerait - mais attention, la plante est toxique !

UN ARBUSTE MÉDITERRANÉEN

En région méditerranéenne, il est possible de planter le frangipanier en pleine terre. Vous le ferez en mai, en ajoutant du compost et du sable fin à votre sol non calcaire. Attention, portez des gants car les tiges contiennent du latex toxique.

Plumeria alba

Milieu d'origine : Zones tropicales et subtropicales (Porto Rico et Antilles).
Culture : En véranda dans un mélange de terre, de terreau et de sable fin. Au soleil.
Plantation : Vous planterez votre frangipanier dans un pot au printemps, que vous pourrez sortir l'été pour orner et parfumer votre terrasse, en laissant le petit arbre bien au soleil. Vous le rentrerez en automne, car il est peu rustique, mais éviterez de le placer près d'un radiateur. En dormance à cette saison, il appréciera des températures plus fraîches (15 °C). Arrosez copieusement le pied à partir du printemps dès que la terre est sèche, et beaucoup moins en hiver. Ne brumisez pas les feuilles et rempotez dès que la motte est à l'étroit.
Nuisibles éventuels : Araignées rouges.
Autres espèces : *P. rubra, P. obtusa, P. pudica.*
Rusticité : Peu rustique, mais pouvant supporter des températures basses (jusqu'à 5 °C) avec une perte de feuillage, s'il a les pieds au sec afin d'éviter le pourrissement.
À voir : Dans les Grandes Serres du Jardin des Plantes (Paris) et au Jardin botanique Val Rahmeh-Menton (Alpes-Maritimes).

Rudbeckia

De la famille des Astéracées, le genre *Rudbeckia* compte une vingtaine d'espèces de vivaces, d'annuelles et de bisannuelles. Le rudbeckia offre tout l'été (de juillet à octobre) des fleurs en capitule jaunes et noirs.

UNE MARGUERITE À CŒUR NOIR TRÈS MELLIFÈRE

Comme de nombreuses Astéracées, les capitules de cette jolie « marguerite » récompensent généreusement leurs partenaires pollinisateurs et disséminateurs. Pollen et nectar nourrissent des abeilles, des papillons et des oiseaux. Ces derniers peuvent aussi apprécier les graines et participer ainsi à la dissémination de la plante.

GRAINES D'ESTOMAC !

Nombreuses sont les graines qui voyagent par l'estomac des animaux. Quand un animal en mange une, l'embryon de la plante ne disparaît pas... au contraire. Une graine est constituée d'enveloppes protectrices et d'un tissu de réserves nutritives nécessaires à l'embryon. Dans le tube digestif de l'animal, les sucs gastriques sont bénéfiques à son réveil. Rejetée par déjection, elle germe ensuite loin de la plante-mère. En tant que jardinier protecteur de la nature, il vaut souvent mieux permettre aux plantes d'achever leur cycle. La montée en graines est favorable à la biodiversité et donne aussi la possibilité de faire des semis.

Rudbeckia sp.

Milieu d'origine : Prairies humides et clairières d'Amérique du Nord.
Culture : Dans tout type de sol neutre, fertile et drainant, même calcaire. Au soleil, possible à mi-ombre.
Plantation : Idéal en massif, en bordure ou plate-bande, le rudbeckia se plante au printemps ou en automne. Pour les semis en extérieur, fin mai. Certains sont cultivés en annuelles. Plante gourmande, on peut lui apporter de l'engrais liquide durant la période de floraison. Pailler son pied limitera les arrosages. Les vivaces seront à rabattre à la fin de l'automne.
Variétés et hybrides : *R. fulgida* var. *deamii*, *R. fulgida* var. *sullivantii*, *R. triloba* 'Prairie Glow', *R.* 'Sunbeckia Mia', *R. x hirta* 'Giggling SmileyZ'...
Nuisibles éventuels : Les limaces apprécient les jeunes pousses, et il arrive parfois qu'un champignon (*Septoria rudbeckiae*) noircisse ses feuilles. Dans ce cas, évitez d'arroser le feuillage, jetez les tiges attaquées et aérez la touffe. Les spores se développent avec l'humidité.
Rusticité : Très bonne, jusqu'à -20 °C. Mais cela dépend des cultivars.
À voir : Au Jardin des Plantes (Paris) et à l'Harmas Jean-Henri Fabre (Vaucluse).

Cactus cierge

De la famille des Cactacées, le genre *Cereus* compte une vingtaine d'espèces de cactus arborescents. Ils peuvent vivre très longtemps, une vingtaine d'années dans nos vérandas. Ils fleurissent à partir de juin et jusqu'en septembre. Les fleurs s'ouvrent la nuit et se referment dans la matinée.

DES FLEURS NOCTURNES

Le genre *Cereus* rassemble des cactus au port colonnaire ou arborescent. Les fleurs nocturnes sont de belles dimensions (10 à 20 cm de diamètre). L'espèce aethiops a des tiges peu ramifiées, vert-bleu, à 5 ou 6 côtés. Les aréoles laineuses présentent des aiguillons rouges puis noirs. Ses fleurs en entonnoir montrent des pétales internes blancs et des pétales externes pourpres sur le revers. Dans leur habitat, la plupart des cactus sont visités par les chauves-souris. La nuit, l'animal se régale de nectar. Par son museau rempli de grains de pollen, il pollinise les fleurs.

LA FLORAISON D'UN CACTUS

Pour voir apparaître les merveilleuses fleurs des cactus, quelques conseils sont à suivre. Durant la période de dormance, d'octobre à mars, il faut leur donner une pièce fraîche (15 °C), de la lumière mais pas d'humidité. Vous n'arroserez pas vos cactées, ou très peu. À partir de mi-mars, vous pourrez recommencer les arrosages dès que la terre est sèche. Ce n'est pas tant le froid que craint un cactus que l'humidité durant les 6 mois de dormance. C'est pour cela qu'il est rare de les cultiver au jardin (sauf en région chaude et sèche).

Cereus aethiops

Milieu d'origine : Terrains rocailleux d'Amérique du Sud et des Antilles.
Culture : Dans un sol peu fertile, très drainant, avec du sable grossier. En plein soleil.
Plantation : Vous cultiverez votre cactus cierge à l'intérieur sous une lumière directe. Les jeunes plants apprécient un peu d'ombre. Utilisez du terreau pour cactées et arrosez deux fois par mois durant la croissance. Un engrais liquide spécial cactées peut être apporté mensuellement du printemps à l'automne. Ne pas arroser en hiver et ne pas laisser d'eau dans la soucoupe. Il est possible de sortir son cactus en été sur une terrasse bien ensoleillée. Mais faites attention aux chocs thermiques. Il sera nécessaire de l'acclimater, en augmentant graduellement les heures de sortie. En région chaude et sèche, on peut le cultiver dans une rocaille avec d'autres espèces de la famille.
Nuisibles éventuels : Cochenilles.
Espèces : *C. hexagonus, C. forbesii, C. repandus*...
Rusticité : Non rustique. Pas en dessous de 10 °C. Sauf certaines espèces qui peuvent supporter de courtes périodes de gel si les conditions d'acclimatation ont été réunies.
À voir : Dans les serres de l'Arboretum de Versailles-Chèvreloup (Yvelines) et dans les Grandes Serres du Jardin des Plantes (Paris).

Victoria du Parana

De la famille des Nymphéacées, le genre *Victoria* compte 3 espèces rhizomateuses de vivaces aquatiques. Cultivé comme annuelle, *Victoria cruziana* fleurit de juin à septembre.

UN MONSTRE AQUATIQUE

On l'appelle aussi « le nénuphar géant », tant la vivace rhizomateuse peut se développer. Ses feuilles en forme de moule à tarte mesurent jusqu'à 2 m de circonférence. Certes ce monstre est sublime, mais très piquant tout de même ! Tige, pétiole et revers du limbe sont munis de longues épines acérées. Comme le lotus sacré (page 158), la vivace pratique ce qu'on appelle la « thermogenèse » ; elle produit de la chaleur.

FASCINANTE PLANTE FLOTTANTE

La fleur à nombreux pétales ne dure que 2 nuits. Blanche, elle s'ouvre au premier crépuscule, embaumant de son parfum sucré l'air nocturne, et attire ainsi un scarabée (*Cylocephata castaneal*) : son pollinisateur. À l'aube, elle se replie et enferme ses collecteurs de pollen dans une douce chaleur (10 °C de plus que l'air ambiant). Ils seront relâchés le deuxième soir pour transporter le pollen vers une autre fleur de l'espèce. Phénomène curieux : elle change de couleur à ce moment-là, et devient rose. Ce changement de teinte correspond à la réceptivité de ses organes reproducteurs. Les pistils sont réceptifs le premier soir, les étamines le second. Une intelligence de l'évolution pour éviter l'autofécondation. Le matin du deuxième jour, la fleur disparaît sous l'eau où le fruit, une grosse baie épineuse, pourra se développer.

Victoria cruziana

Milieu d'origine : Les étangs marécageux de l'Ibera (Paraguay), les savanes inondées (Pantanal) d'Amérique du Sud.
Culture : Dans une terre limoneuse et une eau acide à neutre de 20-24 °C. En pleine lumière.
Plantation : On cultive ce victoria dans un grand bassin (5 m de large et 1 m de profondeur minimum !) et de grands paniers emplis de terre limoneuse et de matières organiques. Bien que vivace, la culture sous climat tempéré est annuelle. On replante ses graines chaque année.
Autres espèces et hybrides : *V. amazonica, V. boliviana, Victoria* × 'Longwood', *V. amazonica* 'Dreamer'.
Rusticité : Non rustique, minimum 20 °C.
À voir : Au Jardin botanique Val Rahmeh-Menton (Alpes-Maritimes).

S'INSPIRER : LES NYMPHÉAS

JARDIN BOTANIQUE VAL RAHMEH-MENTON (ALPES-MARITIMES)

En été, les nénuphars donnent à nos bassins, même petits, un air de tableau vivant. La lumière joue avec l'eau et les teintes vert frais des limbes flottants, tandis que les fleurs lui répondent par leurs coloris subtils et une palette surprenante de roses, de rouges, de jaunes, de blancs et même de bleus ravissants.

De la famille des Nymphéacées, le genre *Nymphaea* compte plus de 60 espèces de vivaces herbacées aquatiques, et de nombreux hybrides. Au bout d'un pédoncule dépassant plus ou moins de l'eau, la fleur solitaire du nénuphar se compose d'un calice à 4 sépales lancéolés et d'une corolle à nombreux pétales sur plusieurs rangs. Au centre, les étamines charnues et les pistils sont bien visibles. Les feuilles en cœur sont portées par de longs pétioles verts ou pourpres. Elles disparaissent en hiver pour revenir au printemps. Il existe pour nos bassins des nénuphars rustiques à floraison diurne et des nénuphars tropicaux non rustiques, dont les fleurs sont diurnes ou nocturnes.

LA MUSE DE MONET

La belle aquatique n'a pas d'aire géographique particulière ; elle pousse partout dans les eaux calmes - étangs, rivières et ruisseaux à courant lent, marécages. Elle apprécie les fonds boueux, ainsi qu'une eau légèrement acide. En Europe, on trouve surtout le nénuphar blanc (*Nymphaea alba*) à l'état sauvage, c'est d'ailleurs lui qui a servi à créer les premiers hybrides en France. Au XIXe siècle, il fut croisé avec des espèces tropicales par l'horticulteur Latour-Marliac. Monet lui en a commandé pour les installer dans le bassin de Giverny. La suite, on la connaît... La merveilleuse série consacrée aux nymphéas a participé grandement à la renommée du peintre.

AU JARDIN BOTANIQUE VAL RAHMEH-MENTON

Au bas de la terrasse de la villa aux murs ocre, le grand bassin de ce jardin remarquable enchante les visiteurs en toute saison. Des travaux d'étanchéité et d'évacuation ont été réalisés en 2022 et de nouvelles espèces ont rejoint les papyrus, les nénuphars géants et autres nymphéacées. Trois variétés de *Victoria*, avec leurs feuilles en moule à tarte XXL, flottent parmi les cultivars de *Nymphaea* : 'Escarboucle', 'Princesse Élisabeth', 'Sunrise', 'Mrs Martin E. Randig', 'Tina', etc. Les superbes floraisons, souvent parfumées, abondent de mai à octobre, déclinant autant de nuances, couleurs et dimensions de ces fleurs envoûtantes.

1

2

3

Page précédente : Vue du bassin du Jardin botanique Val Rahmeh-Menton. 1. Nymphaea *'Afterglow'.* 2. Nymphaea *'Mrs Martin E. Randig'.* 3. Nymphaea *'Princess Elisabeth'.* 4. Nymphaea *'Sunrise'.*

→ COMMENT ACCUEILLIR DES NÉNUPHARS CHEZ SOI ?

Inutile d'avoir un étang pour profiter de la beauté de ces plantes. Contrairement aux *Victoria*, vous pouvez tout à fait les cultiver dans une petite pièce d'eau, ou même un contenant sur une terrasse de 50-70 cm de profondeur.

Plantation

Au printemps, vous disposerez votre nénuphar dans un panier percé rempli de terre argileuse ou de terreau pour plantes aquatiques. Le rhizome sera placé en oblique ; les pétioles et les pédoncules floraux ne seront pas enterrés. Ensuite, posez le panier au fond du bassin. Pour fleurir, les nénuphars ont besoin d'une exposition ensoleillée.

5

6

5. Nymphaea alba. 6. Nymphaea 'Escarboucle'. 7. Nymphaea alba 'Missouri'.

Entretien

Vous entretiendrez vos *Nymphaea* rustiques en ôtant les feuilles si elles prennent trop d'ampleur dans le bassin et en supprimant les feuilles jaunies au fil de la saison. Au Jardin botanique Val Rahmeh-Menton, les non-rustiques sont retirés en novembre et hivernés sans les feuilles dans des bacs légèrement humides à température de 10°C. Au printemps, ils sont remis dans l'eau pour une reprise de croissance.

Ce sont des vivaces gourmandes. Fertilisez-les à l'aide d'une pastille d'engrais pour plantes aquatiques que vous enfoncerez dans le substrat au printemps. Quant à l'entretien du bassin même, nous abordons ce sujet pages 170-171.

7

QUELQUES ESPÈCES ET CULTIVARS

• *Nymphaea alba* à fleurs blanches (15 cm). Rustique.

• *Nymphaea* 'Bull's Eye' à fleurs fuchsia (15 cm). Tropical. Non rustique.

• *Nymphaea caerulea* à fleurs bleu pâle (15 cm). Tropical. Non rustique.

• *Nymphaea* 'Escarboucle' à fleurs rouges ou roses vif (15-18 cm). Rustique.

• *Nymphaea gigantea* à fleurs bleues (20-30 cm). Tropical. Non rustique.

• *Nymphaea* 'Midnight' à fleurs bleu-violet (12 cm). Tropical. Non rustique.

• *Nymphaea* 'Princesse Élisabeth' à fleurs roses (10 cm). Rustique.

• *Nymphaea* 'Sunrise' à fleurs jaune vif (20 cm). Rustique.

• *Nymphaea* 'Tina' à fleurs mauves (15 cm). Tropical. Non rustique.

• *Nymphaea* 'Tuberosa Richardsoni' à fleurs blanches (12 cm). Rustique.

09

La migration automnale de certains oiseaux commence déjà.

septembre

Hirondelles, grives musiciennes, balbuzards pêcheurs, faucons hobereaux s'envolent pour un long voyage avec escales, qu'ils pratiquent seuls et de nuit, ou en groupe et de jour, selon les espèces.

Certains papillons migrent également, en se laissant porter par les vents chauds du sud. Ils utilisent les rayons du soleil, leur vue à 360 degrés, leur boussole interne et leurs antennes pour garder le cap ! Dans les ruches, les reines ralentissent leurs pontes et les ouvrières se servent des alvéoles libres pour stocker le miel. Au jardin, les annuelles nous offrent encore de belles floraisons, tandis que les asters et autres plantes d'automne entament les leurs. Quant à nous, nous profitons des températures clémentes de cette fin d'été pour rester le plus possible dehors. Quelles sont les tâches qui nous attendent dans notre petit coin de paradis ? Si au potager certaines zones déplantées sont nues, c'est le moment de faire ses engrais verts. Nous obtiendrons de bons légumes l'année prochaine. Septembre est aussi propice à la multiplication de vos plantes favorites par boutures semi-aoûtées. Sortez vos outils, vos graines et vos godets !

LES BONS GESTES EN SEPTEMBRE

Faire ses semis d'engrais verts

→ Fixateurs d'azote, les engrais verts améliorent le sol et s'avèrent très utiles pour les cultures au potager. Certains sont à semer en février (les engrais verts dits « de printemps »), d'autres en automne. Vous sèmerez ce mois-ci ces derniers, les laisserez pousser gentiment puis, avant leur montée en graines, vous les faucherez et les broierez afin de les utiliser en mulch. En août de l'année suivante, vous enfouirez ces matières organiques dans votre sol, et planterez vos potagères d'hiver.

LES ENGRAIS VERTS D'AUTOMNE

L'AVOINE GÉANTE
LA FÉVEROLLE
LE SAINFOIN
LE SARRASIN
LE TRÈFLE INCARNAT
LA VESCE

LES ENGRAIS VERTS DE PRINTEMPS

LE LIN BLEU
LA LUZERNE
LA MOUTARDE BLANCHE
LA PHACÉLIE

Penser aux bisannuelles

→ N'oubliez pas vos semis de bisannuelles (voir pages 150-151). Il est temps de planter les mottes qui ont développé de belles racines. Savez-vous pourquoi ce geste est à faire avant l'hiver ? Certaines plantes ont besoin d'une période de froid. On appelle cela la « vernalisation ». Invisible à l'œil nu, ce phénomène se produit au niveau de gènes précis et des cellules. Cela se passe ainsi : le gène FLC (Flowering Locus C) bloque les gènes nécessaires à la floraison, en l'absence de vernalisation. Mais par le froid, des mécanismes épigénétiques se produisent. Un ARN non codant (Coldair) se développe et s'associe à un complexe protéique. Cette association inactive le gène FLC et permet à la plante de fleurir aux beaux jours. Les bisannuelles se sèment en été, développent leur système racinaire et leur partie aérienne avant l'hiver. Ensuite, elles stoppent leur croissance, bénéficient de la vernalisation pour fleurir au printemps, ou un peu plus tard selon les espèces. Ce ne sont pas des vivaces, leur cycle de vie s'étire sur 2 années. Elles périssent après la montée en graines mais se ressèment généralement plutôt bien.

Bouturer ses plantes préférées

→ Si vous souhaitez cloner une variété et tout simplement multiplier vos plantes, le bouturage est une technique qui donne souvent de bons résultats. Vous tiendrez compte de l'espèce pour définir le type de bouture ou de multiplication le plus approprié, de la période de l'année, des températures, de l'exposition et bien sûr des besoins en eau. À la fin de l'été, les boutures sont issues de tiges semi-aoûtées. Vous trouverez un exemple de bouturage à faire en cette saison, page 191, à partir d'un fuchsia.

LES DIFFÉRENTES BOUTURES

- **LA BOUTURE HERBACÉE :** À PARTIR D'UNE TIGE TENDRE COUPÉE SOUS UN NŒUD. AU PRINTEMPS.
- **LA BOUTURE SEMI-AOÛTÉE** : À PARTIR D'UNE TIGE ENCORE VERTE MAIS AYANT COMMENCÉ À FAIRE DU BOIS. EN ÉTÉ.
- **LA BOUTURE AOÛTÉE** : À PARTIR D'UNE TIGE LIGNIFIÉE. EN AUTOMNE.
- **LA BOUTURE DE RACINES** : PAR PRÉLÈVEMENT DE RACINE JEUNE ET LIGNEUSE. CONCERNE LES VIVACES À RACINES CHARNUES ET LES ARBUSTES DRAGEONNANT.
- **LA BOUTURE DE FEUILLES** : CONCERNE LES PLANTES SUCCULENTES ET LES PLANTES D'APPARTEMENT À FEUILLES CHARNUES.
- **LA BOUTURE EN TALON** : À PARTIR D'UN RAMEAU SECONDAIRE OÙ L'ON CONSERVE LA PARTIE QUI LE RÉUNISSAIT AU RAMEAU PRINCIPAL. CONCERNE LES PLANTES LIGNEUSES.
- **LA BOUTURE D'ŒIL** : PAR PRÉLÈVEMENT D'UN MORCEAU DE RAMEAU DE L'ANNÉE DOTÉ D'UN ŒIL AXILLAIRE (À L'AISSELLE D'UNE FEUILLE). CONCERNE LES PLANTES QUI S'ENRACINENT LENTEMENT COMME LE CAMÉLIA, L'HORTENSIA, LE RHODODENDRON, ETC.

QUELLES PLANTES BOUTURER AU MOIS DE SEPTEMBRE ?

LE BUDDLEIA
LE CASSISSIER
LE CHÈVREFEUILLE
LE FRAMBOISIER
LE FUCHSIA
LE GROSEILLIER
LE LAURIER-ROSE
LA LAVANDE
LE PÉLARGONIUM
LE ROMARIN
LA SAUGE
LE SUREAU

S'inspirer

Admirer les couleurs du lilas d'été ; s'émerveiller devant les grappes de fleurs parfumées du gingembre d'ornement ; s'étonner des fruits de la liane corail qui font penser à du papier… la sélection des plantes du mois nourrit notre curiosité (pages 193-197). Quant à la collection de septembre, elle nous raconte des histoires d'arbres. Bienvenue au Jardin des Plantes, à Paris, pour découvrir le patrimoine que constituent des arbres bicentenaires, voire plus anciens !

LE SEMIS D'ENGRAIS VERTS

Sur les parcelles nues en cette période au potager, les semis d'engrais verts vont occuper le sol, améliorer sa structure, capter l'azote de l'air par les nodosités de leurs racines et le restituer au printemps. Résistantes au gel, ces plantes seront bénéfiques aux futures plantations. Agissez par temps sec mais vérifiez les prévisions météorologiques. Si de la pluie est annoncée, ce sera encore mieux que de simplement arroser.

Matériel

Une fourche-bêche ou une grelinette, des graines (voir liste page 188, et quelques exemples ci-contre : de la moutarde blanche, de l'avoine géante, et des phacélies), un outil pour sillons (serfouette ou buttoir), un râteau.

MÉTHODE

1 → Libérez le sol de vos potagères d'été ou de vos annuelles en vue de donner la place à vos semis.

2 → Désherbez si besoin et décompactez la terre, retirez les racines de plantes précédentes. La terre doit être bien meuble.

3 → Tracez vos sillons avec le butoir ou la serfouette.

4 → Semez en distançant de 20 cm les graines de diamètre important comme la féverolle.

5 → Faites un mélange de graines (vesce + trèfle + avoine par exemple) et semez-les à la volée dans vos sillons.

6 → Avec le râteau, refermez vos sillons et nivelez.

7 → Tassez avec le dos du râteau.

8 → Arrosez.

LE BOUTURAGE D'UN FUCHSIA

La bouture semi-aoûtée d'une variété de fuchsia vous permettra de la multiplier au jardin ou d'en donner à vos amis. Si c'est une variété gélive, vous serez sûrs de la retrouver au printemps suivant.

Matériel

Munissez-vous d'un sécateur, d'un terreau pour semis ou de terreau universel (2/3) mélangé à du sable (1/3), d'un pot en terre cuite ou d'une terrine, d'une baguette, d'un vaporisateur.

BON À SAVOIR

Les cellules végétales ont la capacité de régénérer toutes les parties d'une plante à partir d'un fragment : c'est le principe du bouturage. Vous pouvez prélever et repiquer des fragments de racine, de feuille ou de tige, comme dans la méthode décrite ci-dessous, où les tiges sont plantées verticalement. Ci-contre, une méthode plus complexe, où les tronçons de tiges sont disposés horizontalement. Vous pouvez aussi pratiquer un bouturage à l'étouffée (voir page 66, avec l'exemple du citronnier). Cela accélère en général le développement des racines.

MÉTHODE

1. Prélevez une tige de l'année en coupant au-dessus d'une feuille. Votre rameau fera environ 10 cm et comportera des paires de feuilles.
2. Retirez les feuilles basales (en bas du rameau)
3. Remplissez votre pot de substrat et humidifiez-le à l'arrosoir.
4. Faites un trou avec la baguette. (Les trous seront à espacer de 10 cm, si vous bouturez plusieurs tiges.)
5. Plantez votre bouture en l'enfonçant jusqu'aux paires de feuilles conservées, et comblez le vide avec le substrat.
6. Tassez légèrement. Vaporisez.
7. Vérifiez régulièrement le besoin en eau de vos boutures.
8. L'enracinement prendra environ 6 semaines.

DERNIÈRE ESCALE DE L'ÉTÉ

En compagnie d'un arbuste aussi beau que bon (ci-dessous), d'une vivace rhizomateuse exotique et florifère, d'une liane à fleurs rosées bien mellifères… nous poursuivons notre voyage parmi les plantes du Muséum. Le temps est suspendu !

Lilas d'été

De la famille des Lythracées, le genre *Lagerstroemia* compte une cinquantaine d'arbres et d'arbustes caducs ou persistants poussant en régions tempérées ou tropicales de l'Asie jusqu'à l'Australie. Le lilas d'été, appelé aussi « lilas des Indes », fleurit de juillet à octobre. Ses fleurs groupées en panicule terminale sont, selon les cultivars, blanches, roses, rouges ou violettes.

DE LA BEAUTÉ TOUTE L'ANNÉE

En automne, vous apprécierez les teintes rouge orangé de son feuillage caduc. En hiver, son écorce rosée par endroits. Au printemps, ses jeunes feuilles vert-bronze. En été, sa longue floraison.

UN ARBUSTE MÉDICINAL

Toutes les parties de la plante sont utilisées dans la médecine traditionnelle chinoise. Dans le sud de l'Asie, les feuilles servent à faire du thé et sont consommées en légume. L'écorce peut également être infusée ; la boisson obtenue améliore le transit intestinal. Les fleurs et les fruits sont efficaces dans le traitement du diabète. L'arbuste aurait aussi des vertus cicatrisantes et anti-inflammatoires. On crée à partir des fleurs une pâte qui, appliquée sur la peau, soigne une coupure ou une plaie. Les racines bien rincées, séchées et découpées en rondelles ont des propriétés diurétiques et détoxifiantes. Les graines ne se consomment pas à cause de leurs pouvoirs narcotiques, mais elles blanchissent les dents, une fois rôties et réduites en poudre. Elles soignent aussi les aphtes en application locale… C'est dire si le lilas d'été a d'innombrables qualités !

Lagerstroemia indica

Milieu d'origine : Forêts de feuillus, bords de rivière de Chine.
Culture : Dans tout type de sol sauf calcaire, riche et drainant. Au soleil.
Plantation : Au printemps ou en automne, vous planterez votre lilas d'été en isolé sur une pelouse ou près d'un bâtiment, dans une haie libre ou un massif. Faites un trou profond en ajoutant à votre terre du sable et du compost. ce bel arbuste aime la chaleur et la lumière. Choisissez un endroit bien ensoleillé. De faible encombrement il peut, planté à quelques mètres d'une fenêtre, apporter beauté et ombrage à une pièce de la maison. Le port naturel de l'arbuste est en cépée, mais vous pourrez le conduire sur tige. La culture en pot est également possible avec des variétés telles que *Lagerstroemia indica* 'Berlingot Menthe', qui ne dépasse pas 1,5 m de haut.
Taille : Vous supprimerez les rameaux enchevêtrés et abîmés pour que votre arbuste conserve un port équilibré et une touffe aérée. Si vous voulez le conduire sur tige, vous taillerez les rameaux et rejets du bas afin de garder un tronc unique.
Cultivars : *L. indica* 'Dallas Red', *L. indica* 'Pixie White', *L. indica* 'Yang-Tsé', *L. indica* 'Dynamite', *L. indica* 'Kimono'…
Rusticité : Bonne, jusqu'à -15 °C.
À voir : À l'Harmas Jean-Henri Fabre (Vaucluse).

Hechtia

De la famille des Broméliacées, le genre *Hechtia* compte une cinquantaine d'espèces de vivaces terrestres. Ce sont des plantes dioïques et monocarpiques, il y a donc des plants à fleurs mâles et des plants à fleurs femelles ne fleurissant qu'une seule fois. *Hechtia epygina* produit au bout de plusieurs années de petites fleurs blanc rosé sur des hampes effilées et ramifiées, en été.

DES PLANTES DITES « XÉROPHYTES »

De milieu aride, ces plantes ont fait de la sécheresse et de la chaleur des alliées. Leurs stratégies pour conserver l'eau sont remarquables. La plante est capable de ralentir de jour son métabolisme. Les stomates (pores) des feuilles qui servent aux échanges gazeux sont fermés en journée et ouverts de nuit. Ainsi le CO_2 est capté sans risque de déshydratation. La formation en rosette du feuillage sert aussi à retenir l'eau.

ROSETTES À LONGUES FEUILLES

Les feuilles étroites, longues et recourbées, bordées de dents épineuses, peuvent donner à la vivace une belle dimension. Elle a tendance à produire des rejets : les touffes s'étoffent encore un peu plus et atteignent jusqu'à 1 m d'envergure. Les hampes florales présentent de petites fleurs à 3 pétales blanc rosé protégés par des écailles. On cultive les *Hechtia* surtout pour l'aspect exotique et ornemental des rosettes. La floraison arrive au bout de plusieurs années de culture et une seule fois par rosette. Mais les hampes peuvent mesurer plus de 1 m.

Hechtia epigyna

Milieu d'origine : Milieux arides rocailleux d'Amérique du Sud (Mexique, Guatemala, Argentine).
Culture : En serre ou véranda, dans un mélange de terreau léger (décomposé et en faible quantité), de sable grossier, de petits cailloux et de perlite (en plus grande quantité). À l'extérieur, dans une terre pauvre, drainante, à l'abri de toute humidité hivernale. Au soleil.
Plantation : Pour peu que l'on respecte ses besoins, cette broméliacée est facile à cultiver. En région chaude, vous pourrez la planter parmi des cactus rustiques et des agaves. Sous climat plus frais, vous cultiverez votre *Hechtia* en gros pot afin de rentrer la plante en hiver dans une pièce lumineuse non chauffée. Arrosez régulièrement pendant la croissance, mais laissez le substrat sécher entre deux arrosages. En hiver, il ne sera pas nécessaire de l'arroser, ou très peu (une fois par mois).
Nuisibles éventuels : Cochenilles farineuses.
Autres espèces : *H. argentea, H. glomerata, H. montana, H. scariosa.*
Rusticité : Non rustique. Pas en dessous de 10 °C. Si bien drainée et protégée, la plante supporte des températures plus basses.
À voir : Dans les serres tropicales de l'Arboretum de Versailles-Chèvreloup (Yvelines) et au Jardin botanique Val Rahmeh-Menton (Alpes-Maritimes).

Gingembre ornemental

De la famille des Zingibéracées, le genre *Hedychium* compte une centaine d'espèces de vivaces rhizomateuses. Cette espèce donne de belles fleurs parfumées, rouges, orange ou jaunes, de septembre à novembre.

UN GOÛT DE VOYAGE…

En contemplant les longues feuilles simples, alternes et lancéolées, les hautes tiges dressées avec, à l'apex, des grappes de fleurs spectaculaires, cette plante vous donnera l'impression d'être ailleurs. Odorantes, les fleurs s'ouvrent du bas vers le haut et attirent les pollinisateurs, en particulier les abeilles. Hermaphrodites, elles possèdent chacune une longue étamine rouge fertile et des étamines pétaloïdes stériles. Les pétales sont soudés en un tube qui, à l'éclosion, révèle des lobes délicats. Les fruits orange vif - des capsules à 3 loges très décoratives - apparaissent sous climat doux en fin d'hiver, et les graines sont dispersées par des mammifères et des oiseaux.

MAIS NON COMESTIBLE !

Si vous habitez le sud de la France, vous cultiverez le gingembre ornemental en pleine terre. En revanche, vous n'y goûterez pas! Son nom vernaculaire est trompeur: non, vous n'aurez pas du gingembre avec cette belle vivace, même si son rhizome en a un peu le parfum. De croissance rapide, l'arbuste atteint 2 m de haut en quelques mois. Le feuillage caduc renaît à la fin du printemps.

Hedychium coccineum

Milieu d'origine: Zones boisées tropicales humides d'Asie (Himalaya).
Culture: Dans un sol humifère, léger et profond, bien drainé. À l'abri des vents froids. Au soleil ou à mi-ombre.
Plantation: Au printemps, travaillez le sol en profondeur, ajoutez du gravier au fond du trou et du compost. Les rhizomes ne doivent pas être enfouis en dessous de 2 cm. Vous arroserez fréquemment et copieusement votre vivace durant la période de végétation. Le paillage est tout indiqué. En région froide, retirez le rhizome et mettez-le à l'abri dans un substrat sec et une pièce non chauffée. Culture en grand pot et en véranda possible.
Nuisibles éventuels: Araignées rouges et pucerons.
Autres espèces et cultivars: *H. gardnerianum, H. greenei, H. densiflorum, H. coccineum* 'Tara', *H. coccineum* 'Aurantiacum'.
Rusticité: On le dit peu rustique mais, à l'abri du vent et avec une bonne couche de paillis, il est possible de laisser le gingembre ornemental au jardin en hiver.
À voir: Dans les Grandes Serres du Jardin des Plantes (Paris) et au Jardin botanique Val Rahmeh-Menton (Alpes-Maritimes).

Liane corail

De la famille des Polygonacées, le genre *Antigonon* compte 4 espèces de plantes grimpantes à vrilles et à racines tubéreuses. Nous cultivons surtout l'espèce *Antigonon leptopus* pour la beauté époustouflante de ses panicules de fleurs rose corail ou blanches en éclosion à partir de juin, jusqu'aux premières gelées.

DES FRUITS ÉTONNANTS

Enveloppés dans une partie de la fleur, les fruits ressemblent par leur texture à du papier. Les graines nourrissent des oiseaux et des mammifères herbivores ou omnivores... comme le raton-laveur!

HAUTE VOLTIGE

De croissance très rapide, la vivace herbacée peut s'enrouler à tout support avec ses tiges longues, flexibles, munies de vrilles, et grimper sur 10-12 m de hauteur. De quoi créer un spectacle floral saisissant en été! Les panicules légères et longues (15 cm) se parent de jolies fleurs à tépales rosés, qui ont le charme supplémentaire d'être très mellifères. Dans les régions tropicales, les abeilles donnent aux habitants un miel d'une belle couleur sombre. Les feuilles vert vif en forme de cœur participent à la beauté de la liane. Quant à ses bienfaits pour l'homme, ils sont nombreux. Les tubercules, au Mexique, se préparent en légume. Les graines, en pop-corn. On utilise les feuilles pour faire du thé, les tiges et les racines en infusion pour soigner la fièvre ou les maux de gorge.

Antigonon leptopus

Milieu d'origine: Taillis des forêts tropicales humides du Mexique et d'Amérique centrale.

Culture: Dans un sol argilo-sableux, ou pauvre, drainé. À mi-ombre ou au soleil.

Plantation: Sous climat méditerranéen, vous pouvez planter au printemps votre liane corail en pleine terre, contre un mur, près d'un arbre ou sur une pergola, dans un trou large (60 cm) et profond (40 cm). Apportez du fumier décomposé et du sable pour améliorer le drainage, et enterrez le tubercule à 20 cm de profondeur. Durant la période de croissance, maintenez le substrat frais en arrosant copieusement et régulièrement. Un paillis de feuilles sèches protégera le tubercule en hiver, saison où l'on ne doit plus l'arroser.
En région plus froide, cultivez votre grimpante en véranda dans un grand pot et un mélange de terre de jardin (20 %), de terreau (30 %), de fumier (20 %), de sable de rivière (20 %) et de vermiculite (10 %).

Taille: Au jardin, rabattez les tiges au niveau du sol après la floraison. En véranda chauffée, rabattre à 40 cm.

Rusticité: Non rustique. La plante supporte peu des températures inférieures à 1 °C.

À voir: Au Jardin botanique Val Rahmeh-Menton (Alpes-Maritimes).

S'INSPIRER : LES ARBRES HISTORIQUES

JARDIN DES PLANTES (PARIS)

Lieu chargé d'histoire et de découvertes scientifiques majeures, le Jardin des Plantes a servi, au fil des siècles, à expérimenter l'acclimatation d'arbres venus d'ailleurs, ainsi qu'à observer leur développement ou leur reproduction sexuée. Aujourd'hui, il abrite de nombreux arbres, dont certains sont bicentenaires, voire tricentenaires ; et l'un d'eux quadricentenaire ! Les rejets du robinier de Robin (*Robinia pseudoacacia*) rappellent que cet arbre introduit d'Amérique du Nord par le botaniste Jean Robin fut planté sous Louis XIII, en 1635. À l'époque, le site s'appelait le « Jardin du Roy ».

Pour accompagner la fin de l'été et les couleurs automnales des feuillus qui s'annoncent, voici une promenade qui nous fait remonter le temps. Ces arbres qui ont fait avancer la science et constituent un patrimoine végétal important au cœur de Paris ont chacun une histoire.

⊕ LE GINKGO : UNE ESPÈCE PANCHRONIQUE

Ginkgo biloba L.

Dernier représentant de la famille des Ginkgoacées, apparue sur terre il y a plus de 270 millions d'années, le ginkgo est le seul à avoir survécu. Son aspect a très peu changé depuis cette époque : on dit alors que c'est une espèce panchronique. Vous le reconnaissez à ses feuilles fendues en deux lobes qui se parent de jolies teintes d'or à l'automne, mais aussi à son odeur… L'arbre femelle produit non pas des fruits - ils n'existaient pas encore quand les ginkgos sont apparus - mais des ovules. Ceux-ci dégagent des effluves assez désagréables à cause de l'acide butanoïque qu'ils contiennent. L'espèce est donc « dioïque », il y a des arbres mâles avec des chatons de pollen et des arbres femelles avec leurs ovules au faux air de mirabelles.

Cultivé en Chine depuis un millénaire, le ginkgo est arrivé aux Pays-Bas sous forme de graines au XVIIe siècle. Pendant longtemps, il posa question aux botanistes. Ne voyant pas naître sur les arbres ces drôles de « fruits », ils se demandaient comment les faire venir. En réalité, il n'y avait que des pieds mâles en Europe, et on ignorait encore beaucoup de choses sur la sexualité végétale. Lorsqu'un pied femelle fut repéré près de Genève, les scientifiques eurent l'idée de greffer des branches femelles sur les arbres mâles. Au Jardin des Plantes, dans l'arrière-cour de la Galerie de Paléontologie, un vieux pied mâle avec une branche femelle greffée donne encore des ovules de nos jours.

Pour votre jardin

Si vous avez un grand jardin et que vous désirez accueillir ce bel arbre aux nombreuses propriétés médicinales, mieux vaut choisir un pied mâle afin de ne pas être gêné par les mauvaises odeurs des ovules. Il pousse dans tous types de sols et ne craint pas le gel.

1

⊖ LE PISTACHIER, OU LA PREUVE DE LA SEXUALITÉ DES PLANTES !

Pistacia vera

Dans le jardin alpin se trouve un pistachier mâle vieux de plus de 300 ans. C'est le doyen des arbres du Jardin des Plantes. Il nous vient de Tournefort, grand chercheur en botanique ayant rapporté des graines de son voyage au Levant, au début du XVIIIe siècle. Mais cet arbre a aussi posé question. Comme le ginkgo, le pistachier est dioïque.

À l'époque de Tournefort, le débat sur la sexualité végétale bat son plein. Le chercheur pense que le pollen n'est qu'une sorte d'excrément de la fleur. Il est loin d'imaginer qu'il contient en fait les gamètes mâles nécessaires à la fécondation des pistils. Son brillant élève Sébastien Vaillant, lui, s'en doute... Il a observé un arbre femelle de pistachier dans un autre jardin, qui n'existe plus, celui des Apothicaires à Paris. Les fleurs ne donnaient pas les fameuses pistaches que nous apprécions. Pour prouver son intuition, il décide de récolter du pollen sur le pied mâle du Jardin des Plantes et de le déposer à la main sur les fleurs restées stériles du pied femelle. L'arbre du jardin des Apothicaires se met alors à produire des fruits ! En 1717, Vaillant prouve qu'il existe comme chez les animaux une reproduction sexuelle chez les plantes.

Pour votre jardin

Le pistachier apprécie les sols secs bien drainés et le soleil. Il redoute les hivers vigoureux, les gelées printanières et se cultive plus facilement sous climat méditerranéen. Pour obtenir des fruits, vous savez à présent qu'il sera nécessaire de planter un pied mâle et un ou plusieurs pieds femelles.

Page précédente : Vue d'ensemble. 1 et 2. Ginkgo biloba. *3 et 4.* Pistacia vera.

LE PLATANE DE BUFFON

Platanus orientalis L.

Sous Louis XV, ce grand naturaliste qu'était Buffon fut nommé intendant du Jardin du Roy. Le magnifique platane que vous trouvez au pied du Labyrinthe fut planté durant son intendance en 1785. Il s'élève sur plus de 30 m et nous enchante par sa ramure, son port naturel et son écorce qui se desquame au gré des ans. Les 10 espèces de platanes sont réparties en Amérique, en Asie et en Europe. Lors des premières grandes expéditions par bateaux à voile menées dans le Nouveau Monde, de nombreuses plantes furent rapportées en Europe, parmi lesquelles le platane occidental (*Platanus occidentalis*). Cette espèce s'est hybridée avec celle déjà présente en Europe et celle du Moyen-Orient, appelée platane d'Orient. La plupart des platanes que nous voyons dans nos villes sont des hybrides. Mais celui de Buffon, à feuilles plus découpées, est sans doute oriental. Ses racines qui doivent être gigantesques nous racontent 250 ans d'histoire !

Pour votre jardin

Cet arbre d'ombrage apprécie les sols ordinaires, drainés, qui ne se dessèchent pas. Il a besoin d'une exposition ensoleillée et se plante en automne pour favoriser la reprise des racines.

5. Cyprès chauve. 6. Tronc du métaséquoia. 7. Cèdre du Liban. 8. Cerisier du Japon.

D'AUTRES ARBRES REMARQUABLES

Le cèdre du Liban de Jussieu *Cedrus libani* A. Rich.

Ce beau conifère de la famille des Pinacées se trouve dans le Grand Labyrinthe du Jardin des Plantes. Haut de 20 m, il fut planté par l'éminent botaniste Bernard de Jussieu en 1734.

Le métaséquoia *Metasequoia glyptostroboides*

De la famille des Cupressacées, ce conifère à feuilles caduques a été redécouvert en Chine occidentale en 1941. On le pensait éteint depuis longtemps. En 1948, une expédition sino-américaine récolta des graines pour les distribuer dans les grands jardins botaniques du monde, dont en France. Deux arbres furent plantés au Jardin des Plantes, l'un à l'École de botanique et l'autre au jardin alpin.

Le cyprès chauve *Taxodium distichum*

Ce grand conifère caduc réservé aux jardins vastes apprécie l'eau. Il pousse dans son habitat naturel en bordure de rivière, de marais, et développe des pneumatophores autour du tronc et parfois en file indienne. Les pneumatophores sont des racines aériennes d'aspect sculptural pouvant atteindre 1,5 m de haut. Au Muséum, vous pouvez voir un beau sujet dans le jardin des pivoines.

Le cerisier du Japon *Prunus Groupe Sato-Sakura* 'Shirotae'

Même s'il est jeune, cet arbre de 57 ans a été classé « remarquable ». Il est à voir au milieu de la perspective centrale du Jardin des Plantes. Son port très étalé, ses branches qui poussent à l'horizontale et qui ont tendance à s'arquer, la profusion au printemps de ses fleurs blanches font de cette variété horticole venue du Japon une merveille.

6

7

8

AUTOMNE

Arboretum de Versailles-Chèvreloup (Yvelines)

QUEL SPECTACLE NOUS OFFRENT LES FEUILLUS

qui se parent de pied en cap d'or et de rubis avant d'entrer en dormance ! Au sol, les tapis scintillants participent aussi à la magie d'une saison aimée de tous les amoureux de la nature et des jardins. « Bel automne vient plus souvent que beau printemps », dit un vieux dicton.

Physiologie végétale

Diminution de la durée du jour et des températures.

Réduction de la photosynthèse et de la production de sève élaborée.

Ralentissement de croissance et préparation de l'entrée en dormance.

Descente de la sève élaborée vers les racines.

Les arbres caducs perdent leurs feuilles.

Les feuilles, la lumière et les pigments

À la fin de l'été, les arbres reçoivent moins de lumière, la photosynthèse diminue et la chlorophylle se retire doucement. Le pigment vert des feuilles laisse la place aux tons chauds.

Les nuances de rouge, de jaune et d'orange qui enflamment les ramures de nombreux feuillus sont dues aux caroténoïdes - des pigments également présents dans de nombreux fruits et fleurs. Ils ne font pas que colorer le végétal mais collectent les photons dans le cycle de la photosynthèse et agissent comme photoprotecteurs, avec d'autres pigments que l'on appelle les « anthocyanes ». Ceux-ci apportent les couleurs rouge, violette ou bleue de certaines fleurs, certains fruits ou autres parties végétales. Ils donnent aux arbres les belles teintes pourpres de l'automne.

Tous ces pigments jouent un rôle primordial dans la pollinisation, la dissémination des graines, la protection contre le froid ou les brûlures du soleil et les agressions de ravageurs.

En cette saison, il est bon de :

- **Ramasser les feuilles mortes** : pour éviter la propagation de maladies et permettre une meilleure circulation de l'air.
- **Protéger les plantes du gel** : en les couvrant avec un paillis ou un voile de protection approprié.
- **Tailler les arbustes à floraison estivale** : après leur floraison, une taille légère pour les maintenir en forme et favoriser une meilleure floraison l'année suivante.
- **Ne pas tailler les arbres en descente de sève élaborée.**
- **Tailler les vivaces** : après la floraison estivale, tailler les tiges des plantes vivaces qui ont terminé leur cycle de floraison, pour encourager une croissance plus compacte et préparer les plantes pour l'hiver.
- **Nettoyer les vivaces** : à la fin de l'automne, retirer tiges et feuilles mortes pour réduire les risques de maladies et d'infestations.

10

Les jours raccourcissent et les animaux se préparent à l’hiver.

octobre

Les cerfs sont en rut, et les mâles se défient pour obtenir les faveurs d'une femelle.

Les ours mangent et boivent tant et plus afin de se constituer des réserves pour l'hibernation. Les coccinelles dévorent par milliers de petites proies avant d'entrer en dormance. L'écureuil cache ses glands et ses noix, en prévision de la saison hivernale. Le chevreuil en quête de nourriture s'aventure parfois dans les vergers ou les jardins. Pour nous, la saison est propice aux balades en forêt. En silence et avec un peu de patience, nous pouvons observer la faune qui s'active, tandis que les feuilles commencent à tomber. Et bien sûr, c'est la saison des champignons comestibles ! Cèpes, girolles, trompettes, chanterelles... Ils prolifèrent en automne pour notre plus grand bonheur. Revenus à la maison, nous nous régalons au jardin, entourés de la fin des floraisons estivales et du commencement des automnales. Avec la fraîcheur et le retour de l'humidité, le jardin est en beauté. Que peut-on encore lui apporter ? C'est la bonne période pour planter des vivaces et des bulbes printaniers, créer une haie champêtre, penser à la protection des végétaux... Vous êtes prêt ?

LES BONS GESTES EN OCTOBRE

Pailler le sol avec des frondes de fougères

→ Les frondes de fougère donnent un bon paillis, que vous pourrez utiliser dans un massif, ou au potager. Épais, léger, perméable et aéré, il tiendra tout l'hiver car les feuilles se décomposeront lentement. Ce type de paillage facile à faire soi-même réduit les risques de pourriture, limite les plantes indésirables et apporte au sol des nutriments, tels que le potassium et le phosphore. Au printemps, les plantations bénéficieront d'un sol nourri et meuble. Il ne vous restera plus qu'à enfouir dans la terre les frondes décomposées. Et si vous désirez protéger vos semis ou vos jeunes plantules en extérieur, les feuilles de ce végétal serviront de petit chauffage ! Vous trouverez page 212 la méthode pratiquée par les jardiniers du Muséum en Haute-Savoie, à « La Jaÿsinia », un jardin botanique alpin classé « Jardin remarquable de France ».

Planter une haie champêtre

→ Une haie peut offrir bien plus que la protection contre les vis-à-vis. Quand on se sert de végétaux endémiques, que l'on varie les espèces, les haies constituent des réservoirs de biodiversité, nourrissent la faune, donnent des lieux de ponte et des refuges. Mais elles agissent aussi en régulateur de climat, atténuant la chaleur en été, ou permettant de lutter contre le froid en hiver. Elles protègent du vent et des embruns en bord de mer. Elles luttent contre l'érosion et favorisent la vie du sol. Voici quelques types de haies.

- La haie défensive composée d'arbustes épineux sert à limiter les intrusions et à protéger des plantations de jeunes fruitiers par exemple. Elle est favorisée dans les vergers.
- La haie libre composée d'espèces variées convient au grand jardin. L'idée est de laisser faire la nature et d'intervenir le moins possible.
- La haie champêtre composée d'espèces indigènes et variées convient à de nombreux types de jardins et consiste à choisir ses espèces dans le but d'échelonner les floraisons et les fruits sur toute l'année. Elle nourrit au fil des saisons la faune et offre des refuges, ainsi que des sites de ponte.
- La haie bocagère composée de végétaux indigènes sert à délimiter des parcelles, à former des corridors biologiques, à contenir le bétail, à donner du bois de chauffage, à nourrir la faune et à offrir des refuges. Elle est importante dans les campagnes et utile aux agriculteurs.
- La haie sèche composée de branchages secs mis les uns sur les autres et maintenus par des piquets fichés dans le sol participe également à la protection de la faune et à la formation d'humus. Elle permet le recyclage des déchets de taille. Les animaux y rejettent des graines qui, avec le temps, peuvent donner vie à une haie champêtre naturelle.
- La haie coupe-feu composée d'espèces méditerranéennes sert à limiter l'avancée des incendies.
- La haie plessée que nous avons abordée pages 44-45.

Planter des vivaces et des bulbes de printemps

→ Pour profiter d'un printemps bien fleuri au jardin, il est bon d'anticiper et de planter des vivaces et des bulbes.

QUELQUES VIVACES À PLANTER EN OCTOBRE

LE BERGENIA
LA BUGLE RAMPANTE
LA CONSOUDE
LA FLEUR DES ELFES
LE MYOSOTIS DU CAUCASE
LE PLATYCODON
LE SCEAU-DE-SALOMON

QUELQUES BULBES À PLANTER EN OCTOBRE

LES CROCUS
LES FRITILLAIRES
L'IRIS RETICULATA
LES JACINTHES
LE MUSCARI
LES NARCISSES ET LES JONQUILLES
LES ORNITHOGALES

S'inspirer

→ Les jolies fleurs de l'aster de la Nouvelle-Angleterre, les clochettes blanches et les fruits rouges de l'arbre aux fraises, les inflorescences surprenantes de l'arbre à roue de feu : les découvertes végétales du mois d'octobre vont vous donner des envies de plantation (pages 215-219). Et puisque la saison s'enflamme aussi grâce au feuillage des érables, vous êtes invité à l'Arboretum de Versailles-Chèvreloup. Déambulez au cœur d'une collection haute en couleur qui réunit 400 spécimens (pages 220-223).

LE PAILLIS DE FOUGÈRE

Au jardin botanique alpin « La Jaÿsinia » (à Samoëns, en Haute-Savoie), il n'y a pas de serres. Tous les semis sont pratiqués en extérieur, mais les jardiniers ont une astuce pour les préserver du froid : ils utilisent des frondes de fougère. Sans les broyer, ils les disposent entières et en quinconce au-dessus des graines sur le châssis. Pour les plantules en pot, ils forment une sorte de petit toit, toujours en croisant les frondes et en veillant à ce qu'elles ne gênent pas la croissance. Cette bulle végétale protectrice crée naturellement de la chaleur. Une pratique simple et écologique.

Matériel

Un sécateur, des frondes de fougère.

MÉTHODE

1 → Coupez les frondes de plusieurs fougères aigles ou mâles.

2 → Faites un tapis d'une bonne épaisseur, en disposant les feuilles en quinconce au-dessus de vos plantules et de vos semis sur vos châssis en extérieur.

3 → Au printemps, enfouissez les feuilles décomposées dans votre terre.

LA PLANTATION D'UNE HAIE CHAMPÊTRE

Avant de planter vos espèces de préférence indigènes et donc bien adaptées au climat et à la faune de votre région, n'oubliez pas la législation. En jardin mitoyen, votre haie ne devra pas dépasser 2 m de haut. Il faudra donc prévoir des cultivars de taille modeste ou des espèces qui profiteront d'une taille annuelle modérée à sévère.

Matériel

Munissez-vous d'une bêche, de tuteurs, de compost, de sable et bien sûr de vos végétaux.

MÉTHODE

1. Calculez la longueur de votre haie et le nombre d'espèces que vous pourrez planter, en sachant qu'il sera nécessaire de les espacer d'au moins 1 m.
2. Choisissez vos arbres et arbustes en pensant à mélanger des persistants et des caducs, ainsi qu'à échelonner les floraisons sur l'année.
3. Préparez votre espace de plantation, travaillez le sol en profondeur afin d'ameublir la terre sur une tranchée assez large (au moins 60 cm). Pensez à laisser un passage entre la clôture et vos plantations pour faciliter la taille.
4. Mélangez votre terre de jardin avec du compost et du sable si besoin.
5. Dépotez vos végétaux.
6. Plantez en trou profond vos espèces en fonction de leur développement et de leurs feuillages caducs ou persistants. Les plus hautes pour cacher un vis-à-vis, les caducs afin de créer des fenêtres (percées) dans votre haie.
7. Placez au fond du trou votre mélange, puis votre motte, tutorez si besoin et recouvrez de terre. Le collet doit être à fleur.
8. Formez une cuvette autour du pied et arrosez copieusement.
9. Procédez ainsi pour chaque espèce à planter. Et paillez sur toute la tranchée.
10. La première année, vérifiez bien vos arrosages, qui seront plus généreux que par la suite.

UN AUTOMNE EN FRUITS ET EN FLEURS

Papillonner entre les capitules d'un aster ô combien florifère ; cueillir les fruits de l'arbousier pour en faire une marmelade ; observer de plus près les grandes fleurs de la rose de Chine... La sélection des plantes du mois vous embarque au pays des longues floraisons. À butiner sans modération !

Aster de la Nouvelle-Angleterre

De la famille des Astéracées, les asters comptent plusieurs centaines d'espèces d'annuelles, de bisannuelles, de vivaces et de sous-arbrisseaux. Dans les années 1990, les asters d'Amérique du Nord ont été regroupés sous un nom de genre différent : *Symphyotrichum*, qui comprend 100 espèces environ. L'aster de la Nouvelle-Angleterre est une vivace rhizomateuse qui peut atteindre, selon les cultivars, de 60 cm à 1,5 m de haut. Il offre de jolis capitules mauves, roses ou blancs de fin août à novembre.

L'AMIE DES PAPILLONS

Les teintes du disque central de l'inflorescence évoluent au fil des jours, en fonction de la pollinisation. Des glandes nectarifères sont présentes à la base des capitules, au niveau des bractées. Par un jeu de couleurs, les fleurs du disque central signalent aux pollinisateurs si elles ont déjà été fécondées ou non. Elles sont visitées par des abeilles et divers papillons. En Europe, les paons du jour et les vulcains les butinent. En Amérique du Nord, les monarques.

L'ASTER LE PLUS FLORIFÈRE

Avec ses feuilles sessiles, engainantes et pubescente, en forme de lance, ses tiges robustes, son port buissonnant d'une belle hauteur et ses corymbes de capitules violacés, cet aster fait partie des plus beaux du genre. Très florifère, il donne pendant 3 mois des fleurs non parfumées qui nous charment par leur cœur jaune orangé et leurs nombreux ligules roses ou mauves. Les fruits (des akènes) sont disséminés par les oiseaux.

Symphotrichum novae-angliae

Milieu d'origine : Champs, prairies humides, forêts rivulaires du nord-est des États-Unis et du Québec.
Culture : Dans tout type de sol léger, fertile, drainé et frais. Au soleil. Tolère la mi-ombre.
Plantation : Au printemps ou en automne, vous planterez votre aster en massif ou plate-bande, en ajoutant du compost à votre terre et du gravier si besoin. Laissez un espace de 60 cm autour de la motte. En mai, pincez les tiges à 15 cm du sol pour garder un port de touffe compact. Tous les trois ans, divisez les touffes. Comme il peut rapidement mesurer 1 m de haut, vous pouvez soit le tuteurer avec de la ficelle ou avec les tiges d'une autre plante (rosier liane, ronce), soit le tailler en étage.
Cultivars : *A. novae-angliae* 'Violetta', *A. novae-angliae* 'Purple Dome', *A. novae-angliae* 'Herbstschnee', *A. novae-angliae* 'Rosanna'...
Rusticité : Bonne, jusqu'à -15 °C.
À voir : À l'Harmas Jean-Henri Fabre (Vaucluse).

Arbousier

De la famille des Éricacées, le genre *Arbutus* compte une douzaine d'espèces d'arbres ou d'arbustes à feuillage persistant. *Arbutus unedo* est souvent cultivé dans les jardins méditerranéens pour ses fruits rouges décoratifs et ses fleurs en clochettes qui éclosent de septembre à janvier.

L'ARBRE AUX FRAISES

Il donne des fleurs délicatement parfumées. Ce sont de très jolies petites clochettes blanches sur l'espèce type, rosées ou rouges chez certains cultivars. Mellifères, elles attirent les insectes et particulièrement les abeilles. Les apiculteurs connaissent bien l'arbousier, qui donne un miel un peu amer. Il produit des baies sphériques rouges à maturité, couvertes de picots. Elles mettent un an à mûrir ; on peut ainsi profiter de la beauté rare de voir sur un arbre des fleurs et des fruits à la même période.

DES FRUITS AU GOÛT PARTICULIER

Le nom de l'espèce (*unedo*) signifie « une seule fois ». Il serait une boutade au sujet du fruit, qui n'est pas au goût de tout le monde. Loin de la saveur d'une fraise, on ne le goûterait pas deux fois ! Cela dit, en confiture, marmelade ou liqueur, ces « fraises » deviennent très appréciées. Au jardin, on cultive le petit arbre pour son aspect ornemental, car en plus de donner une floraison poétique et des fruits comme venus d'un conte de fées, l'arbousier possède un feuillage persistant. Il sera beau à contempler toute l'année.

Arbutus unedo

Milieu d'origine : Zones rocailleuses de l'ouest de l'Europe et du Bassin méditerranéen.
Culture : Dans un sol riche, filtrant, plutôt acide et caillouteux. Au soleil, à l'abri des vents froids.
Plantation : En mars ou en septembre, vous planterez votre bel arbousier en isolé, en haie libre ou pour égayer un mur. Creusez un trou profond (3 fois la taille de la motte), et ajoutez du gravier. Il faudra bien arroser la première année, pailler la souche et protéger par un voile d'hivernage le jeune arbre, surtout dans les régions du Nord. Une fois bien installé, l'arrosage ne sera plus nécessaire même en cas de sécheresse. De croissance lente, son système racinaire est très développé. Prenez soin de lui réserver de l'espace (1 m minimum tout autour), car l'arbousier n'accepte pas facilement d'être déplacé. Pour les petits jardins, les cultivars nains et compacts sont à privilégier. Une culture en pot pour garnir une terrasse est tout à fait possible avec ces variétés de taille réduite.
Cultivars : *A. unedo* 'Rubra', *A. unedo* 'Compacta', *A. unedo* 'Atlantic'...
Taille : Une taille de formation est pratiquée sur les jeunes sujets, ensuite la taille n'est plus nécessaire.
Nuisibles éventuels : Pucerons et taches foliaires.
Rusticité : Bonne en situation abritée, jusqu'à -15 °C.
À voir : À l'École de botanique du Jardin des Plantes (Paris) et au Jardin botanique Val Rahmeh-Menton (Alpes-Maritimes).

Arbre à roue de feu

De la famille des Protéacées, le genre *Stenocarpus* compte une vingtaine d'espèces d'arbres et d'arbustes à feuillage persistant, qui poussent dans les forêts pluviales de Nouvelle-Guinée, de Nouvelle-Calédonie et d'Australie. L'arbre à roue de feu est superbe toute l'année par son feuillage original, et produit des inflorescences en ombelle écarlates de juillet à l'automne.

DES FLEURS EN FORME DE ROUE

La famille des Protéacées est connue pour ses inflorescences très originales. Celles-ci ont l'air de venir d'un film de science-fiction! Les fleurs tubulaires se développent en rayons. L'inflorescence en ombelle est de belle envergure (25 cm de diamètre) et produit une vingtaine de fleurs brillantes, rouge-orange. Elles contiennent du pollen et du nectar. Par leurs couleurs flamboyantes et leurs collations sucrées, elles attirent les passereaux (méliphagidés) qui sont, en Australie, les pollinisateurs de l'espèce.

UN ARBRE ORNEMENTAL XXL

Cet arbre peut atteindre 25 m de haut dans son milieu. Au jardin méditerranéen, il mesurera 10 m à maturité. Les feuilles simples, alternes et persistantes sont, comme les inflorescences, assez impressionnantes. Certaines, avec le temps, font deux fois la taille d'une main! Elles présentent des formes variables, tantôt ovales et lancéolées, tantôt lobées et à bord ondulé, rappelant la feuille du chêne en version XXL. *Stenocarpus sinuatus* fera le bonheur des passionnés de flore tropicale.

Stenocarpus sinuatus

Milieu d'origine : Forêts pluviales tropicales du Queensland (Australie) et de Nouvelle-Guinée.
Culture : Dans un sol riche, humifère, frais et drainé. À l'abri des vents desséchants et au soleil.
Plantation : Même si vous vivez dans le Sud, il sera préférable de conserver votre jeune arbre en pot la première année afin de le rentrer en hiver pour l'aider à se renforcer. Rempotez-le dès l'achat, dans un terreau léger contenant de la perlite ou du sable et un pot un peu plus grand. Augmentez la taille du contenant dès que vous voyez des racines sortir par les trous de drainage. Arrosez copieusement, mais laissez sécher en profondeur le substrat entre deux arrosages. Ne brumisez pas le feuillage, préférez l'apport de billes d'argile à humidifier dans la soucoupe. Sortez votre plante en mai, et placez-la en situation bien ensoleillée. Ne pas tailler, surtout les premières années. En région fraîche, votre arbre sera à hiverner dans une véranda peu chauffée (10-15 °C).
Rusticité : Non rustique. Pas en dessous de 7 °C. Tolère en sol sec des températures plus basses sur de courtes périodes.
À voir : Au Jardin botanique Val Rahmeh-Menton (Alpes-Maritimes).

Rose de Chine

De la famille des Malvacées, le genre *Hibiscus* compte plus de 400 espèces d'arbustes, d'arbres et de vivaces herbacées. Parmi les hibiscus, certains s'avèrent comestibles. L'espèce *H. sabdariffa* surtout. Les feuilles sont consommées en légume. Les fleurs et les boutons, riches en vitamine C, se préparent en chutney, soupe, salade, sirop, gelée, confiture et infusion. La rose de Chine fleurit abondamment de juin à octobre. Cultivée depuis plusieurs siècles en Asie, elle a donné de nombreuses variétés et cultivars, notamment à fleurs doubles.

DES « ROSES » ÉPHÉMÈRES… LONGTEMPS !

Les fleurs hermaphrodites de l'arbuste ne durent qu'une seule journée, mais des boutons se forment sans cesse sur les pousses de l'année. Grandes (13 cm de diamètre environ), en entonnoir, pédonculées, elles se composent de 5 sépales et de 5 pétales brillants à bord ondulé. Leurs couleurs dépendent des variétés. Monochromes ou bicolores, elles ont une palette qui va du rouge cramoisi à l'orangé, en passant par le jaune, le rose et le blanc. Les feuilles persistantes sont alternes, longues, ovales et lancéolées. En région tropicale, la rose de Chine peut atteindre 4 m de haut.

POUR QUEL JARDIN ?

Sur la Côte d'Azur, l'arbuste peut être planté en pleine terre, en situation abritée et très ensoleillée. Il appréciera des arrosages fréquents durant la période de croissance. Donnez-lui un engrais riche en potassium au printemps. À la fin de sa floraison, en novembre, rabattez votre hibiscus. Dans les régions plus froides, vous le cultiverez en pot et le sortirez en mai, en l'acclimatant doucement. Vous bénéficierez alors d'une floraison plus généreuse.

Hibiscus rosa-sinensis

Milieu d'origine : Zones boisées tropicales, probablement d'Asie du Sud-Est.
Culture : Dans un sol drainé, frais, humifère. Au soleil.
Plantation : Vous planterez votre rose de Chine en pot dans un substrat fait de terreau de feuilles, de tourbe et de terre franche, ou dans un terreau horticole pour plantes vertes en ajoutant du sable. Cet hibiscus apprécie une lumière vive, mais pas le soleil direct, et a besoin de chaleur pour fleurir (20 °C). C'est une plante frileuse cultivée à l'intérieur sous nos climats, sauf au sud de la France. L'arrosage sera fréquent durant la période de croissance, le terreau doit rester humide. En hiver, vous laisserez le terreau sécher sur quelques centimètres entre deux arrosages.
Cultivars : *H. rosa-sinensis* 'Red Planet', *H. rosa-sinensis* 'Norman Lee', *H. rosa-sinensis* 'Fantasia', *H. rosa-sinensis* 'Full Moon'…
Nuisibles éventuels : Pucerons, cochenilles et araignées rouges.
Rusticité : Non rustique, pas en dessous de 5 °C.
À voir : Dans les Grandes Serres du Jardin des Plantes (Paris) et au Jardin botanique Val Rahmeh-Menton (Alpes-Maritimes).

S'INSPIRER : LES ÉRABLES

ARBORETUM DE VERSAILLES-CHÈVRELOUP (YVELINES)

Si l'on a osé dire que « souvent femme varie », que penser des feuilles d'érables ?! Elles ne changent pas seulement de couleurs en automne, elles sont aussi très diversifiées selon les espèces : par la taille, la forme, le bord, les nervures. Il existe des érables à feuilles simples (entières) et à feuilles composées (avec plusieurs folioles). Des feuilles à pétioles longs ou courts. À lobes arrondis ou très découpés.

De la famille des Sapindacées, le genre *Acer* compte environ 150 espèces et 50 sous-espèces ou variétés. Ce sont des arbres et des arbustes à feuillage souvent caduc, poussant dans tout l'hémisphère Nord. Parmi les plus grands se trouvent l'érable argenté (*A. saccharinum*), l'érable sycomore (*A. pseudoplatanus*), l'érable de l'Oregon (*A. macrophyllum*) et l'érable plane (*A. platanoides*). Ils atteignent entre 20 et 30 m de haut. Parmi les plus petits se trouvent l'érable du Japon (*A. japonicum*), l'érable champêtre (*A. campestre*) et l'érable de Montpellier (*A. monspessulanum*). Ils mesurent entre 5 et 10 m de haut.

Les fleurs jaune verdâtre, blanches ou rouges selon les espèces sont de petite dimension au sein d'inflorescences en grappe, en panicule ou en ombelle. Mais elles se révèlent très mellifères et contiennent du nectar. Vous ne les verrez pas ce mois-ci ; les érables fleurissent au printemps. En revanche, leurs fruits à deux ailes attireront votre attention. On les appelle des « disamares » et leur dissémination passe par le vent. Chaque moitié du fruit comportant une graine, il s'agit d'akènes.

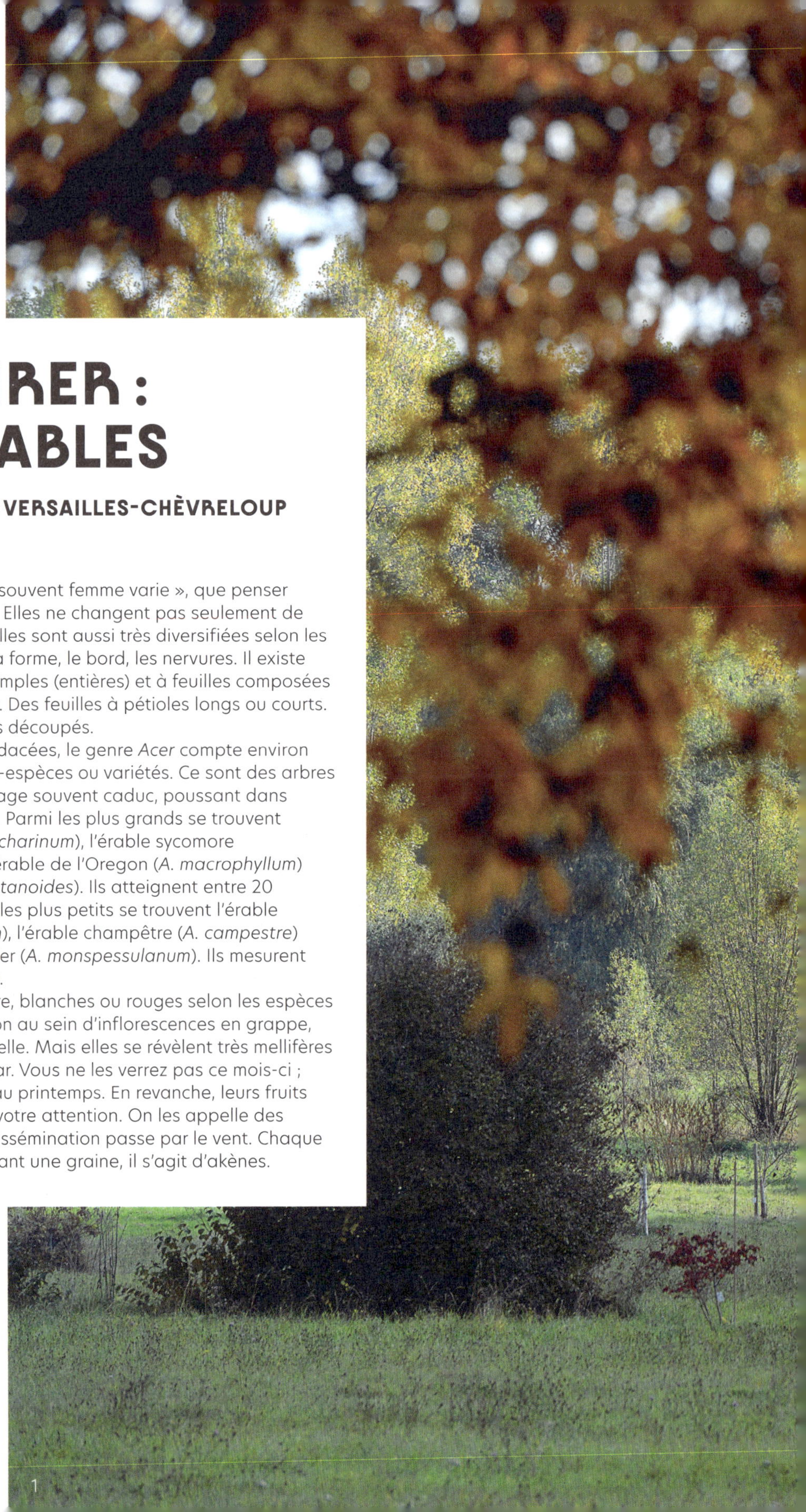

1

À L'ARBORETUM

Dans ce domaine de 200 hectares, les nombreux érables forment une belle collection et donnent une idée de la diversité de ces arbres élégants. En cheminant à travers le site, vous pourrez découvrir 72 espèces du genre et 58 cultivars. Préférez cette saison pour aller les voir, vous bénéficierez des teintes automnales dont ils se parent merveilleusement. En vous rendant près du réservoir de Chèvreloup, non loin de la butte aux chênes, 70 érables sycomores plantés dans les années 1930 berceront par leur ramure ample et arrondie votre promenade. Regardez les écorces qui se desquament joliment. Si vous poursuivez la balade vers ce qui s'appelle la « zone systématique », qui regroupe des arbres par affinités botaniques, plantés entre 1922 et 1935, vous pourrez aussi admirer une dizaine d'espèces d'érables.

2

Page précédente : Vue générale de l'Arboretum. 2. Acer buergerianum. 3. Acer obtusifolium. 4. Acer campestre.

3

DE BEAUX SUJETS POUR VOS JARDINS

À moins d'avoir un vaste domaine où accueillir de grands érables, la culture de ces arbres au port élégant et au feuillage décoratif se fait à partir d'espèces et de variétés plus modestes. Les érables apprécient des sols riches, frais et drainés, et s'avèrent dans l'ensemble plutôt résistants au froid. Vous trouverez certainement votre bonheur parmi les centaines de cultivars qui existent. Au centre d'un massif, en isolé au milieu d'une pelouse, au bord d'un bassin, le long d'une d'allée, ou encore en haie libre, l'érable et ses nombreux hybrides ont tout pour vous séduire et embellir votre domaine. La plus grande difficulté sera de le choisir ! Voici une petite liste d'espèces et de cultivars pour vous y aider.

- *Acer capillipes* pour son écorce « peau de serpent » gris-vert, puis brun-rouge avec les années.
- *Acer davidii* pour ses feuilles jaunes d'or en automne et ses fruits brun rosé.
- *Acer griseum* pour sa belle écorce et ses feuilles écarlates en automne (voir aussi page 254).
- *Acer heldreichii subsp. trautvetteri* pour ses fruits verts et rose foncé à maturité.
- *Acer mono* pour son feuillage jaune d'or en automne.
- *Acer palmatum* (et ses nombreux cultivars) pour son feuillage orange à rouge en automne et ses fruits rouges à maturité.

4

11

Les hérissons sont entrés en hibernation.

novembre

Les échassiers, les passereaux, les oies passent au loin dans le ciel.

Ils effectuent en groupe leur migration, offrant à nos yeux éblouis d'émouvantes chorégraphies. Les renards et les sangliers ont faim ; ils s'approchent des champs et même des villes pour dénicher de la nourriture devenue rare. Les bourdons des champs (*Bombus pascuorum*) s'accouplent avant l'hibernation des reines fécondées. C'est l'un des derniers bourdons de l'année à observer. Certains insectes entrent en diapause, d'autres pratiquent la quiescence : ils dorment mais s'activent dès que le sol ou l'air se réchauffent. Les vers anéciques, animaux à sang froid, se réveillent quand il gèle pour descendre plus bas dans le sol et réduire drastiquement leurs besoins métaboliques. Des comportements fort éloignés de nous, qui commençons à allumer nos radiateurs dans certaines régions ! Est-ce la fin des travaux au jardin ? Bien sûr que non ! Le mois est propice aux semis sous abri, à la plantation des arbres et à la dernière tonte de l'année. On enfile une veste et on s'y met ?

LES BONS GESTES DE NOVEMBRE

Faire ses semis d'hiver

→ Certaines graines ont besoin du froid avant de pouvoir entamer leur processus de germination. À la Graineterie du Muséum, elles sont conservées en chambre froide ou dans des congélateurs spécialisés. Mais à la maison, nous pouvons nous aider de notre frigo. Pour savoir quelle graine a besoin d'un traitement au froid, le mieux est de se fier aux conditions du milieu naturel de la plante que nous voulons faire germer. Vient-elle d'une région fraîche ? Les graines mûrissent-elles en automne ? Dans ce cas, leur germination passe sans doute par le froid. Après une bonne conservation, il faut alors procéder à des semis sous châssis froid, ou dans une pièce lumineuse mais non chauffée. Les plantules seront prêtes pour les plantations de printemps. Voici pour vous aider une petite liste de plantes concernées :

L'AIL À TÊTE RONDE
L'ANCOLIE
L'ASTRANCE
LE CHÊNE
LA CLÉMATITE
LE CORNOUILLER
LES ÉRABLES
LE FUCHSIA
LA GENTIANE
LE LILAS
LA LUNAIRE
LE MUSCARI
LE NOISETIER
LE PANICAUT
LE PENSTEMON
LA VIOLETTE
LA VIORNE

Tondre une dernière fois

→ La dernière tonte de l'hiver permet de broyer les feuilles mortes tombées sur la pelouse et d'offrir à celle-ci un dernier entretien qui l'aidera à passer la période hivernale sans se dégarnir. On tond toujours 1/3 des brins d'herbe et, en été, on peut laisser les résidus de tonte sur le gazon pour hydrater et nourrir le sol. En novembre, ou un peu plus tard selon le climat, la dernière tonte se fait en réglant la barre de coupe à 7 cm minimum, tandis que les résidus servent de paillage ou à alimenter le compost. Une tonte à 3-4 cm serait dommageable pour vos graminées et la microfaune. N'oubliez pas de nettoyer votre tondeuse afin de la préserver de la dégradation.

COMMENT PRENDRE SOIN DE SA TONDEUSE ?

- Débranchez la bougie et videz le panier que vous nettoierez au Kärcher.
- Videz le réservoir d'essence avec une petite pompe.
- Faites basculer votre engin de sorte que le carburateur reste vers le haut et non vers le sol.
- Au tuyau et avec une petite brosse, nettoyez la lame et le carter. Vérifiez que votre lame n'a pas besoin d'être affûtée, voire changée.
- Démontez la bougie et brossez-la délicatement.
- Lubrifiez les parties mécaniques ainsi que les câbles.
- Vérifiez le niveau d'huile, nettoyez le filtre, rincez-le et séchez-le avant de le remettre en place.
- Rangez votre tondeuse à l'abri et au sec.

Planter un arbre ou un arbuste

→ Le mois de novembre convient tout à fait à la plantation des arbres à feuilles caduques, tels que les fruitiers, et à celle des arbustes d'ornement. « À la Sainte-Catherine (25 novembre), tout bois prend racine », dit le dicton. La sève non remontante en cette période de l'année est propice à l'enracinement et à la vigueur des racines. Au printemps, le débourrage sera facilité et, en été, le jeune arbre se sera développé suffisamment pour résister à la chaleur et la sécheresse. L'humidité du sol avant l'hiver permettra aux racines de puiser par elles-mêmes l'eau, et limitera les arrosages. Toutefois, si votre sol est détrempé et que les températures dans votre région sont déjà bien basses, il vaut mieux attendre le printemps.

QUELQUES ARBRES ET ARBUSTES À PLANTER EN NOVEMBRE

L'AULNE
LE CAMÉLIA
LE CHÂTAIGNIER
LE CHÊNE
LE COGNASSIER
LE FRAMBOISIER
LE FUSAIN
LE GROSEILLIER
LE HÊTRE
LE HOUX
LE LAURIER
LE MÛRIER
LE NOYER
LE PÊCHER
LE PHOTINIA
LE POMMIER
LE PRUNUS
LA VIORNE

S'inspirer

→ Et si vous éclairiez votre jardin en automne avec les fleurs de l'abutilon, qui font penser à de petites lanternes chinoises ? ou les corolles bleutées de la sauge-cassis, dont vous pourrez aussi goûter les feuilles ? En novembre, certaines plantes se montrent encore généreuses par leur floraison (voir pages 233-236). Quant à la collection du mois, elle vous plonge au cœur des conifères avec les beaux épicéas. Vous avez à nouveau rendez-vous à l'Arboretum de Versailles-Chèvreloup qui, en cette saison de l'année, est tout simplement sublime !

LES SEMIS D'INTÉRIEUR

En région froide, il est possible d'anticiper les floraisons de certaines annuelles en passant par des semis en intérieur. Vous choisirez bien vos graines et placerez vos semis dans une pièce non chauffée, à la lumière. Faire ses semis à l'intérieur permet de contrôler les températures, l'arrosage et la lumière, et de ne pas avoir à attendre que la terre soit réchauffée au jardin pour pouvoir semer. Pensez à étiqueter et dater vos semis.

Matériel

Munissez-vous de plaques alvéolées, de pots, d'une petite serre ou de godets, de terreau pour semis (ou d'un mélange drainant de votre composition), d'un presse-motte et bien sûr d'un arrosoir.

MÉTHODE

1 → Remplissez vos contenants de terreau filtrant et déposez quelques graines en les distançant de 2-3 cm.

2 → Recouvrez d'une très fine couche de terreau.

3 → Tassez à l'aide du presse-motte.

4 → Arrosez avec la pomme délicatement et sans excès.

5 → Une fois la germination opérée, éclaircissez vos jeunes plantules afin qu'elles ne soient pas trop serrées les unes contre les autres.

6 → Surveillez les racines et maintenez humide le substrat mais jamais gorgé d'eau, au risque de faire pourrir les plants.

7 → Si vous ne disposez pas d'une véranda ou d'une pièce bien lumineuse, utilisez une lampe dite « de croissance ».

LA DERNIÈRE TONTE DE L'ANNÉE

Outils

Un râteau, une tondeuse, des gants.

MÉTHODE

1. Ratissez les feuilles et broyez-les à la tondeuse.
2. Réglez votre barre de coupe à 7 cm et tondez votre pelouse comme à l'ordinaire.
3. Ratissez de nouveau pour récupérer les résidus éventuels de tonte. En cette période de l'année, laisser ces résidus sur votre gazon n'est pas recommandé.
4. Utilisez ces déchets verts pour pailler le pied de vos arbres et de vos vivaces, ou mettez-les dans le compost.

LA PLANTATION D'UN ARBRE

Vous planterez votre arbre dans une terre bien meuble et désherbée. Le trou de plantation sera profond et le diamètre dépendra du développement de votre espèce. En règle générale, mieux vaut prévoir un bel espace autour de la souche. Les illustrations vous montrent un exemple à partir d'un cacaoyer planté dans les Grandes Serres du Muséum. Bien que le site de plantation soit particulier, les gestes sont les mêmes qu'au jardin.

Matériel

Munissez-vous d'une bêche, d'un sécateur, de compost, de paillis de feuilles mortes et d'un tuteur si besoin (pour protéger votre arbre contre le vent).

MÉTHODE

1. Creusez le trou de plantation à la bêche.
2. Déposez du compost au fond du trou.
3. Dépotez votre arbre en coupant le pot afin de ne pas abîmer la motte.
4. Démêlez les racines. Coupez au sécateur les radicelles un peu trop longues d'1 ou 2 cm.
5. Centrez votre motte et placez si besoin un tuteur en biais à l'extérieur de la motte. Recouvrez avec la terre mise de côté. Faites attention au collet, qui ne doit pas être enterré.
6. Tassez à l'aide du pied tout autour.
7. Formez à la main une cuvette et arrosez copieusement (10 l d'eau pour un arbuste, 20 l pour un arbre).
8. Paillez sur une bonne épaisseur pour protéger votre jeune arbre de l'hiver.

LUMIÈRES DE NOVEMBRE

Avec ses petites lanternes jaunes et rouges, l'abutilon éclaire le jardin. Les délicates fleurs du cyclamen teintent en rose le pied des arbres. Les corolles bleutées de la sauge-cassis égaient un massif ou une rocaille... Qu'elles sont lumineuses, les dernières floraisons de ce mois ! On en profite avant l'arrivée de l'hiver.

Abutilon grimpant

De la famille des Malvacées, le genre *Abutilon* compte environ 150 espèces d'arbustes et d'arbres de petite taille, à feuillage persistant ou caduc. Celui-ci est semi-persistant et produit des fleurs pendantes jaunes et rouges, de juin à novembre.

JOLIES LANTERNES CHINOISES

L'alliance d'un calice rouge à 5 sépales et d'une corolle jaune à 5 pétales confère à cet arbuste une belle floraison bicolore. De l'été à l'automne, elle crée un effet poétique au jardin, les tiges grêles et souples s'étirant gracieusement contre un mur ou sur une pergola. Les fleurs, souvent solitaires, naissent à l'aisselle des feuilles ; elles pendent délicatement au bout de leur long pédoncule comme des lanternes chinoises. Les nombreuses étamines pourpres soudées en une colonne dite « staminale » dépassent de la corolle. Dans son habitat d'origine, ce bel arbuste est pollinisé par les colibris.

UN ARBUSTE VIGOUREUX

Ses feuilles simples et alternes sont ovales, plus ou moins lobées, acuminées et à bord dentelé. Sous climat doux, elles sont persistantes. Vigoureux, l'arbuste peut atteindre 2,5 m de haut à maturité. En l'associant à d'autres plantes, vous le mettrez en valeur. Le lis glorieux (*Gloriosa superba* 'Rotschildiana'), par exemple, enflammera par ses fleurs une zone du jardin à la même période. Un hibiscus, qui appartient à la même famille, sera aussi le bienvenu – nous présentons page 218 l'espèce *rosa-sinensis*. Mais toutes sortes de vivaces lui rendront honneur.

Abutilon megapotamicum

Milieu d'origine : Régions tropicales humides d'Amérique du Sud (Brésil).
Culture : Sol drainant, riche et léger, non calcaire et non argileux. Au soleil ou à mi-ombre.
Plantation : Près d'un mur ou d'un support sur lequel palisser votre arbuste, vous planterez en mai l'abutilon, au soleil mais en situation abritée. Ajoutez à votre terre de jardin du sable et du compost. Arrosez bien les premières années de croissance, surtout en été. Paillez la souche en automne. Culture en pot possible avec une couche de drainage, dans un mélange de terre franche, de terreau et de compost.
Taille : L'abutilon accepte bien la taille. Chaque année, au début du printemps, supprimez les branches enchevêtrées et aérez le centre de la ramure. Raccourcissez les tiges d'un tiers. Durant la croissance, vous pouvez aussi pincer les jeunes pousses, cela favorise la ramification. Si le gel a trop attaqué votre arbuste, taillez-le sévèrement. De nouvelles tiges repartiront de la souche.
Cultivars et hybrides : *A. megapotamicum* 'Variegatum', *A.* 'Kentish Belle', *Abutilon × suntense* 'Violetta', *A.* 'Louis Marignac'...
Nuisibles éventuels : Pucerons et oïdium en sol peu drainant.
Rusticité : Selon les cultivars, assez bonne, jusqu'à -10 °C.
À voir : À l'École de botanique du Jardin des Plantes (Paris) et au Jardin botanique Val Rahmeh-Menton (Alpes-Maritimes).

Faux kapokier

De la famille des Malvacées, le genre *Ceiba* compte une vingtaine d'espèces de grands arbres à feuillage caduc. Le faux kapokier produit en Europe ses fleurs de septembre à décembre.

DES FRUITS SOYEUX À L'INTÉRIEUR

La matière cotonneuse entourant les graines a donné le nom de genre à cet arbre tropical : *ceiba*, en espagnol, signifie « arbre à coton ». Elle est utilisée comme isolant et fibres de rembourrage en Amérique du Sud. Tandis que le bois, souple, sert à faire du papier. Nous le cultivons en région méditerranéenne pour sa beauté exceptionnelle. Écorce, feuilles, fleurs, fruits : toutes les parties de l'arbre sont époustouflantes !

ARBRE BOUTEILLE

Jeune, il présente une écorce verte, virant au gris avec les années. Le tronc a tendance à se renfler à la base, ce qui a valu à ce végétal le surnom d'« arbre bouteille ». Des épines de forme conique se développent sur l'écorce, comme si nous contemplions la peau d'un animal étrange... Grandes (10 à 15 cm), les fleurs à 5 pétales roses et à cœur blanc maculé de rouge sont si nombreuses qu'elles finissent par recouvrir entièrement les branches. La floraison débute avant les feuilles et se poursuit pendant des mois. Les fruits verts et oblongs, d'une vingtaine de centimètres, ne sont pas comestibles, mais ils pendent joliment au bout des rameaux. Quand ils s'ouvrent, une masse cotonneuse et soyeuse apparaît. Magique !

Ceiba speciosa

Milieu d'origine : Forêts tropicales et subtropicales d'Amérique du Sud.
Culture : Sous climat méditerranéen, dans un sol humifère, neutre à acide, ou argilo-limoneux. Au soleil.
Plantation : Si vous habitez sur la Côte d'Azur ou dans les zones les plus chaudes du littoral atlantique, vous planterez votre faux kapokier au printemps, en situation abritée du vent, dans un trou profond. Ajoutez du sable et du terreau à votre terre. Prévoir de l'espace car cet arbre peut, avec le temps, atteindre au jardin 12 m de haut et 6 m d'envergure. Une culture en pot est tout à fait possible, d'autant que l'arbre, qui sera contenu, supporte bien les intérieurs chauffés en hiver.
Taille : Pas nécessaire. Juste pour supprimer les branches enchevêtrées ou abîmées.
Nuisibles éventuels : Araignées rouges si culture en serre.
Rusticité : Non rustique, tolère mal les températures négatives.
À voir : Au Jardin botanique Val Rahmeh-Menton (Alpes-Maritimes).

Cyclamen de Naples

De la famille des Primulacées, le genre *Cyclamen* compte une vingtaine d'espèces de vivaces tubéreuses. Celui-ci produit des fleurs roses, parfois parfumées, entre septembre et novembre, et se ressème plutôt bien.

DE LA LUMIÈRE EN AUTOMNE

Le nom de l'espèce *hederifolium* signifie « à feuilles de lierre ». Basales, en forme de cœur, vert foncé et marbrées de gris, elles ont la délicatesse de changer de couleur sur leur revers. Le vert s'empourpre joliment. Ce n'est qu'après la floraison que le feuillage se développe pour persister jusqu'au printemps. C'est l'un des plus beaux cyclamens méditerranéens.

UNE FLEUR RENVERSÉE ET... RENVERSANTE !

Au bout d'un long pédoncule grêle, brun-pourpre et recourbé à l'apex, les 5 pétales roses qui pointent vers le haut cachent à l'intérieur le calice : la fleur est comme renversée. On la dirait prête à s'envoler ! Les étamines, elles aussi, semblent jouer à cache-cache. Sessiles, elles dépassent à peine de la corolle et pointent donc vers le bas. Les pollinisateurs n'ont plus qu'à se servir en voletant sous la fleur. Le fruit sphérique demeure protégé par le calice et contient de nombreuses graines. À maturité, le pédoncule s'enroule en tire-bouchon, ramenant le fruit au niveau du sol. Les fourmis se chargent ensuite de disséminer les graines. La vivace tubéreuse a beau ne pas dépasser les 20 cm de haut, elle ne manque ni de charme ni d'originalité.

Cyclamen hederifolium

Milieu d'origine : Zones boisées rocailleuses, clairières de la Méditerranée (de l'Italie à la Turquie).
Culture : Dans un sol humifère, frais, bien drainé, même calcaire. À l'ombre ou à mi-ombre.
Plantation : Vous planterez vos cyclamens au printemps ou à la fin de l'été, dans une zone partiellement ombragée, sous un arbre par exemple, à 5 cm de profondeur et en les espaçant de 20 cm. Ameublissez la terre avant et déposez du gravier pour le drainage.
Rusticité : Très bonne, jusqu'à -20 °C.
À voir : Au Jardin des Plantes (Paris) et à l'Harmas Jean-Henri Fabre (Vaucluse).

Salvia discolor

Milieu d'origine: Sous climat de type montagnard, dans des zones rocailleuses de la cordillère des Andes (Pérou).
Culture: Dans un sol frais, drainant, humifère et léger, de type argilo-limoneux ou calcaire. Au soleil.
Plantation: Vous planterez cette petite sauge péruvienne après les dernières gelées printanières dans un coin abrité du jardin et un substrat qui ne retient pas trop l'humidité hivernale. En sol pauvre, vous pourrez amender la terre d'un terreau de feuilles ou de compost bien décomposé. Elle se plaira sur un talus sableux par exemple, et convient pour les massifs, les rocailles. Par forte chaleur, il sera nécessaire de bien l'arroser. Après sa floraison, vous paillerez la souche avec de la paille, ou recouvrirez votre vivace d'une bâche afin de la protéger du froid et de l'humidité. En région froide, elle est plutôt cultivée en annuelle ou en pot.
Taille: Rabattez votre vivace en automne. Si elle est cultivée en pot, rabattez-la au printemps.
Multiplication: Les sauges se bouturent aisément.
Au printemps par de jeunes pousses, en été par des rameaux semi-aoûtés. Même dans un simple verre d'eau, les boutures produisent des racines.
Nuisibles éventuels: Pucerons, cochenilles, araignées rouges, aleurodes.
Rusticité: Moyenne, pas en deçà de -5 °C.
À voir: À l'Harmas Jean-Henri Fabre (Vaucluse) et au Jardin botanique Val Rahmeh-Menton (Alpes-Maritimes).

Sauge-cassis

De la famille des Lamiacées, le genre *Salvia* compte près d'un millier d'espèces, parmi lesquelles des annuelles, des bisannuelles et des vivaces. Celle-ci est une vivace dressée à tiges divisées pouvant mesurer 50 cm de haut et de large; elle fleurit en été abondamment, de juin à novembre.

QUELLE EST DONC CETTE ODEUR ?

Les sauges, comme la plupart des lamiacées, sont des plantes aromatiques. Il suffit de froisser une feuille entre ses doigts et de sentir son parfum pour s'en rendre compte. Ses feuilles dégagent un parfum subtil, que certains rapprochent du cassis. Mais il n'est jamais facile de décrire une odeur... À vous d'en juger et même d'y goûter!

UNE AROMATIQUE COMESTIBLE

Parmi les très nombreuses espèces que compte le genre *Salvia,* cette vivace andine se démarque par la couleur rare de ses fleurs: un bleu nuit pour la corolle qui tranche avec le calice engainant vert argenté. Nectarifères et mellifères, ces fleurs sont utiles aux insectes. Les abeilles et les bourdons butinent durant des mois les sauges dans nos jardins. De croissance très rapide, la plante développe des tiges divisées et de longues feuilles pétiolées, entières, opposées et recouvertes d'une pilosité blanche. Leur revers est plus pâle et encore plus duveteux. Nous pouvons les utiliser en cuisine. Finement découpées, elles apportent un goût original à nos salades de légumes ou de fruits. Une vivace aussi belle que bonne!

Les chênes

De la famille des Fagacées, le genre *Quercus* compte environ 450 espèces d'arbres et d'arbustes à feuillage caduc, semi-persistant ou persistant. Les chênes sont des espèces monoïques, c'est-à-dire que leurs fleurs ne sont pas hermaphrodites. Sur un même arbre, les fleurs mâles forment des chatons de pollen pendants, tandis que les femelles sont de petite taille, solitaires, par deux ou en grappes. La pollinisation s'effectue par le vent. On dit que la plante est « anémophile ».

LE CHÊNE PÉDONCULÉ

Le chêne recouvre 40 % des forêts de France, avec une espèce bien représentée : le chêne pédonculé (*Quercus robur*). Cet arbre peut atteindre jusqu'à 35 m de haut pour un tronc de 2 m de circonférence et vivre plusieurs centaines d'années. Il apprécie la lumière et pousse plutôt en lisière, en clairière, en haie. Ses feuilles simples et alternes sont découpées en lobes arrondis et asymétriques. À la base du limbe se trouvent deux petits lobes en forme d'oreillette. Ses glands composés d'une cupule écailleuse se développent en octobre et pendent au bout d'un long pédoncule.

LE CHÊNE À FEUILLES DE SAULE

Oui, il existe des chênes qui ressemblent au saule par leurs feuilles ! *Quercus phellos* pousse dans les sols humides de l'est des États-Unis. Dans son habitat, c'est un arbre de grande taille (25 m de haut) présentant des feuilles étroites et longues, à bord un peu ondulé, de couleur verte en été, puis jaune ou brune en automne. Les glands sphériques sont petits (2 cm). Le chêne à feuilles de saule est très rustique.

LE CHÊNE DE BUCKLEY

Cet arbre du Texas et de l'Oklahoma est un peu plus petit que les deux autres, entre 10 et 15 m de haut. On l'apprécie pour les très belles teintes rouge foncé que prennent les feuilles en automne. Il pousse en sol basique (pH élevé), plutôt sec et bien drainé. Son écorce lisse et grise se fissure et devient noire par endroits. Les glands ovoïdes sont de petite taille.

Quercus spp.

Milieu d'origine : Forêts et taillis de l'hémisphère Nord.
Plantation : De novembre à mars, on peut planter un chêne en isolé ou en bosquet. C'est bien sûr un arbre qui a besoin d'espace. Le trou sera préparé quelques jours en amont, voire quelques semaines. La terre doit être bien travaillée et décompactée sur 1 m de largeur pour un trou de 60 cm de profondeur. Compost et terreau seront à mélanger avec la terre de jardin. Bien placer la motte de sorte que le collet soit au niveau du sol, puis reboucher avec votre mélange et tasser un peu avec le pied. Formez une cuvette autour de l'arbre, qui pourra ainsi recevoir l'eau de pluie et celle des arrosages. La première année de plantation, il faudra bien arroser votre chêne, surtout en été. Si vous plantez un jeune sujet, il faudra le tuteurer. Pour les petits jardins, choisissez des espèces de moindre envergure, telles que *Querus coccifera*, *Quercus ilicifolia* ou *Quercus pontica*.
Espèces : *Q. alba*, *Q. coccinea*, *Q. ilex*, *Q. petraea*, *Q. palustris*, *Q. robur*, *Q. rubra*, *Q. suber*, *Q. serrata*…
Nuisibles éventuels : Oïdium, pucerons, galles.
Rusticité : Assez bonne en général, jusqu'à -20 °C.
À voir : À l'Arboretum de Versailles-Chèvreloup (Yvelines).

S'INSPIRER : LES ÉPICÉAS

ARBORETUM DE VERSAILLES-CHÈVRELOUP (YVELINES)

Les conifères sont des arbres très anciens. Leur histoire commence au Permien (-299 à -251 millions d'années) avec, au temps des dinosaures, une diversification de plus en plus grande. Plusieurs dizaines de milliers d'espèces ont formé des forêts de résineux partout sur notre planète. Aujourd'hui, ce groupe appartenant aux « gymnospermes » représente moins de 10 % de la flore terrestre pour environ 800 espèces. Un autre groupe de plantes plus évoluées en matière de reproduction sexuée est venu le concurrencer. Apparues au Crétacé, elles sont largement majoritaires sur l'ensemble du globe. Ce sont les fameuses plantes à fleurs (dites « angiospermes »), qui nous émerveillent par leur beauté et leur diversité. Toutefois, il ne faudrait pas oublier que les conifères sont une étape essentielle dans l'évolution du règne des plantes. Avec eux, le pollen apparaît, ainsi que les graines. Ces dernières sont nues, c'est-à-dire que l'ovule n'est pas encore protégé par l'enveloppe close de l'ovaire, comme ce sera le cas chez les plantes à fleurs. Une enveloppe d'autant plus précieuse qu'elle donnera aux animaux les mets délicieux que sont les fruits !

⊕ LES CÔNES NE SONT PAS DES FRUITS

Même si l'on peut manger les pignons (graines), les conifères ne produisent pas de fruit au sens botanique du terme. Dans l'évolution, ce trésor sucré issu de l'ovaire - la chair qui protège et nourrit l'embryon - est apparu avec les angiospermes, comme nous venons de le mentionner. Les cônes sont en réalité des inflorescences. La pollinisation des conifères ne passe d'ailleurs pas par l'animal mais par le vent. C'est pour cela que les cônes mâles possèdent une quantité impressionnante de pollen. Beaucoup de grains n'atterrissent pas au bon endroit. Seule une faible quantité tombe sur les inflorescences femelles de la bonne espèce, apportant ainsi la fécondation de l'ovule.

⊕ À L'ARBORETUM

Les conifères font partie des premiers arbres plantés à l'Arboretum de Versailles-Chèvreloup, dans les années 1920 et 1930. Parmi eux, le genre *Picea* - celui des épicéas - est bien représenté. Une quarantaine d'espèces et sous-espèces, ainsi que 54 cultivars se découvrent de nos jours, parmi les 250 épicéas ayant grandi dans le domaine. Ces arbres ont été labélisés « Collection nationale » par le Conservatoire des collections végétales spécialisées (CCVS) ; ils sont considérés comme un patrimoine à préserver. La plupart se visitent dans la « zone systématique », regroupant sur 50 hectares et par affinités botaniques les plus anciens arbres. Mais vous trouverez des cultivars d'épicéas nains près de l'ancienne pépinière. Et d'autres spécimens au sein de la « zone géographique », qui regroupe les arbres selon leur milieu d'origine sur 120 hectares.

1

Page précédente : Picea sitchensis. *1.* Picea sitchensis. *2.* Picea abies. *3.* Picea orientalis. *4.* Picea abies.

⊕ ASTUCES POUR DISTINGUER UN ÉPICÉA D'UN AUTRE CONIFÈRE

• Une silhouette conique et des branches primaires en verticille autour du tronc.

• Un tronc rectiligne et rigide à croissance verticale.

• Des branches secondaires retombantes.

• Une cime pointue.

• Des cônes femelles pendants à maturité, qui ne se désarticulent pas.

• Des aiguilles plutôt courtes, disposées en spirale le long de la ramille.

• Si vous arrachez une aiguille, vous apercevrez un petit lambeau d'écorce à sa base.

⊕ UN ÉPICÉA AU JARDIN

Ces arbres rustiques apprécient les sols frais, acides à neutres, et l'humidité ambiante. Ils redoutent la pollution, les vents desséchants et la sécheresse. Le système racinaire assez superficiel empêche la transplantation. Il faut donc bien choisir son emplacement.

Quelques cultivars de petite taille

• *Picea pungens* 'Glauca Globosa' à aiguilles bleutées et de forme arrondie.

• *Picea glauca* 'Alberta Globe' à aiguilles vert tendre et à port globuleux.

• *Picea glauca* 'Sun on the Sky' à aiguilles vert tendre et à port conique.

• *Picea glauca* 'Conica' à aiguilles vertes et à port compact.

• *Picea abies* 'Inversa' à aiguilles vertes et à port pleureur.

• *Picea glauca* 'Sander's Blue' à aiguilles bleutées et à port conique.

• *Picea pungens* 'Lucky Strike' à cônes brun-rouge et aiguilles vert bleuté.

Ci-contre : Picea brachytyla.

12

Les températures baissent dans de nombreuses régions, annonçant une saison très particulière pour la faune.

décembre

Pelages et plumes s'épaississent pour protéger les animaux du froid.

Certains changent de couleur, se parant de blanc dans les milieux montagnards, ce qui offre un bon camouflage contre les prédateurs. D'autres espèces changent de régime alimentaire, telles les mésanges qui ne se nourrissent plus d'insectes ni de larves, mais de baies, de bourgeons et de graines. Le geai cache des glands sous les feuilles pour constituer ses réserves. Cela profite aux chênes qui disséminent ainsi leurs graines. Dans les ruches, les abeilles forment ce qu'on appelle la « grappe hivernale » : elles contractent leurs muscles du thorax pour produire de la chaleur, tout en dormant. Elles se réchauffent en serrant les rangs ; régulièrement, celles qui sont en périphérie se déplacent vers le centre. Les stratégies animales pour survivre à l'hiver sont impressionnantes d'ingéniosité. Quant à nous, l'invention du bonnet et de l'anorak n'est pas mal non plus quand on veut travailler au jardin ! En cette fin d'année, il nous reste quelques gestes salutaires à effectuer…

LES BONS GESTES DE DÉCEMBRE

Retirer de terre les bulbes d'été

→ Dans les régions froides du pays, certains tubercules et bulbes estivaux ont besoin de passer l'hiver au sec, à l'abri de la lumière et du gel. Attendez que le feuillage ait fané complètement avant de retirer les bulbes à l'aide de la fourche-bêche, ces plantes ayant besoin d'accomplir leur cycle en entier. Nettoyez à la brosse à dents vos bulbes ou tubercules afin d'en ôter la terre, et jetez ceux qui sont abîmés ou qui présentent des taches de pourrissement. Coupez les racines et toutes les parties fanées. Faites sécher durant plusieurs jours vos bulbes dans une caissette en bois, sur du papier journal. Une fois leur surface sèche, placez-les dans la caissette remplie de sciure, dans des bas Nylon, des sac de papier kraft, ou encore des filets à oignons. Vous rangerez vos bulbes dans un endroit sombre, ventilé, à l'abri du froid et de la chaleur (température 10 °C environ). En mai, après les dernières gelées, vos bulbes bien conservés seront prêts à être replantés.

LES BULBES (OU TUBERCULES) À DÉPLANTER AVANT L'HIVER

LES BÉGONIAS
LES CANNAS
LES DAHLIAS
LES EUCHARIS
LES FREESIAS
LES GLAÏEULS
LES JACINTHES DU CAP
LES LIS NON RUSTIQUES
LES TIGRIDIAS
LES TUBÉREUSES

Tailler un olivier

→ Selon la croissance et le désir du jardinier, on taille l'olivier de diverses façons. La taille d'ornement ne sera pas la même que la taille de fructification. Quant aux jeunes oliviers, ils ont besoin d'une taille de formation. Dans les régions chaudes, la taille s'effectue au début du printemps, voire plus tôt : au Jardin botanique Val Rahmeh-Menton, les oliviers sont taillés en décembre. Pour obtenir une bonne fructification, ces arbres ont besoin d'un fort ensoleillement, d'une terre bien drainée et d'une situation plutôt abritée du vent. Les oliviers sont pollinisés par le vent. Pour obtenir des fruits, une fécondation croisée est nécessaire. Il faut donc plusieurs individus ensemble. Mais il existe aussi des variétés autofertiles.

QUELQUES VARIÉTÉS D'OLIVIERS AUTOFERTILES

***OLEA EUROPEAE* 'AMELLAU'** RÉSISTE AU FROID ET PRODUIT DES OLIVES DESTINÉES À LA PRODUCTION D'HUILE.

***OLEA EUROPEAE* 'CAILLETIE'** EST UNE VARIÉTÉ VIGOUREUSE QUI DONNE L'HUILE NOIRE DE NICE.

***OLEA EUROPEAE* 'CIPRESSINO'** SE CULTIVE SOUS CLIMAT PLUS FROID ÉGALEMENT POUR LA PRODUCTION D'HUILE.

***OLEA EUROPEAE* 'GROSSANNE'** PRODUIT DES OLIVES NOIRES DE TABLE ET DE L'HUILE. BONNE RÉSISTANCE AU FROID.

***OLEA EUROPEAE* 'VERDALE',** RUSTIQUE, PRODUIT DES OLIVES VERTES DE TABLE ET DE L'HUILE.

Nettoyer, graisser et remiser les outils

→ Les bons outils du jardinier ont un coût ; bien entretenus, ils facilitent le travail, ne blessent pas les végétaux et durent de nombreuses années. Leur entretien se fait un peu toute l'année, de préférence après chaque utilisation. Au mois de décembre, avant de les remiser dans un abri sec, vous pouvez vérifier l'état de tous vos outils et les bichonner encore un peu plus. Vous trouverez page 249 quelques astuces pour bien les entretenir.

QUELS SONT LES PRINCIPAUX OUTILS DU JARDINIER ?

BÊCHE : POUR TRAVAILLER LES SOLS PEU CAILLOUTEUX ET NON ARGILEUX AVANT PLANTATION.

BINETTE : POUR DÉSHERBER ET CASSER LA CROÛTE SUPERFICIELLE DE LA TERRE.

BROUETTE : POUR DÉPLACER LA TERRE.

BROYEUSE : POUR BROYER LE BOIS DUR ET LES BRANCHES ÉPAISSES.

BUTTOIR : POUR CREUSER DES SILLONS À SEMIS ET RAMENER DE LA TERRE AU PIED DES LÉGUMES AU POTAGER.

CISAILLE : POUR TAILLER ET COUPER DES BRANCHES DE PETIT DIAMÈTRE, DES RAMEAUX, DES TIGES.

FAUCILLE : POUR DÉSHERBER, ÉCLAIRCIR, DÉBROUSSAILLER DES ENDROITS PEU ACCESSIBLES À LA FAUCHE.

FAUX : POUR LE FAUCHAGE DES PRAIRIES.

FOURCHE-BÊCHE : POUR DÉCOMPACTER LE SOL ET DÉPLANTER SANS ATTAQUER LES RACINES.

GANTS : POUR SE PROTÉGER.

GRELINETTE : POUR TRAVAILLER LE SOL EN DOUCEUR AVANT LES SEMIS.

GRIFFE : POUR INCORPORER DU COMPOST, DU FUMIER OU AUTRE ENGRAIS À LA TERRE, PLANTER, RETIRER DES RACINES ENFOUIES.

PELLE : POUR LA PLANTATION D'ARBRES, LE DÉPLACEMENT DE TERRE DE JARDIN.

PLANTOIR : POUR LE REPIQUAGE ET LES PETITS BULBES.

RÂTEAU : POUR RETIRER LES FEUILLES MORTES, LES CAILLOUX, NIVELER LE SOL, TASSER LES SILLONS REFERMÉS DES SEMIS.

SARCLOIR : POUR DÉSHERBER.

SCIE ARBORICOLE : POUR TAILLER ET COUPER DES BRANCHES DE DIAMÈTRE MOYEN (4-8 CM).

SÉCATEUR : POUR LA TAILLE DE FLEURS FANÉES, DE TIGES, DE RAMEAUX, DE PETITES BRANCHES.

SERFOUETTE : POUR CREUSER DES SILLONS À SEMIS ET DÉCROÛTER LE SOL EN SURFACE.

TRANSPLANTOIR : POUR PLANTER LES BULBES ET LES MOTTES.

S'inspirer

→ Une myrtacée guérisseuse (*Melaleuca quinquenervia*), une grimpante aux feuilles pétaloïdes emblématique du Midi (*Bougainvillea spp.*), un érable qui, par son écorce, crée du relief (*Acer griseum*)... Avec les plantes de décembre, on varie les plaisirs et les idées de plantation (voir pages 251-255). Le jardin n'est jamais figé. Les semis renouvellent la palette des couleurs dès le printemps. Cela tombe bien puisque, ce mois-ci, la Graineterie du Muséum au Jardin des Plantes vous ouvre ses portes. Une collection rare de graines vives et inertes vous attend. De quoi faire germer des envies !

LA TAILLE DE L'OLIVIER

Dans les jardins du sud de la France, les oliviers fructifient chaque année, avec une année sur deux moins productive. Le début de la floraison se situe fin mai. Les olives se récoltent entre octobre et janvier. Vous pourrez donc pratiquer une taille de fructification de décembre à mars, en fonction du climat et de vos variétés, selon la méthode décrite ici. Ci-contre, les photographies montrent une taille ornementale, qui vise notamment à équilibrer la silhouette de l'arbre. Les deux tailles se pratiquent avec les mêmes outils et à la même période.

Outils

Un sécateur à main, une cisaille, un sécateur à bras longs, une petite scie et des gants.

MÉTHODE POUR LA TAILLE DE FRUCTIFICATION

1 → Désinfectez vos outils à l'alcool.

2 → Supprimez les rejets qui poussent au pied de l'arbre avec le sécateur à main.

3 → Supprimez, toujours avec le sécateur à main, les branches poussant vers le cœur du houppier afin d'aérer et laisser le soleil pénétrer.

4 → Supprimez les branches qui retombent sous l'arbre, car elles ne formeront pas de fruits.

5 → Retirez aussi les branches sèches.

6 → Raccourcissez les plus grandes branches ; les olives qui se forment loin du tronc ne sont pas les meilleures.

7 → Supprimez les branches qui ont donné des fruits l'année précédente, car les olives se forment sur un bois de 2 ans. Cette suppression provoquera la pousse de rameaux productifs.

8 → Traitez l'ensemble de l'arbre à la bouillie bordelaise. L'olivier est sensible aux maladies et aux parasites.

9 → Déposez du fumier au pied de l'arbre en prenant son envergure pour repère.

10 → Griffez pour faire pénétrer le fumier dans la terre.

11 → Arrosez généreusement.

LE NETTOYAGE ET L'ENTRETIEN DE SES OUTILS

Vos fidèles compagnons de jardinage vont être moins sollicités avec l'hiver qui s'annonce : les chouchouter avant de les entreposer dans un endroit aéré et sec vous rendra service et prolongera leur durée de vie. C'est aussi l'occasion de faire l'inventaire des outils qui vous manquent et/ou de ceux qui pourraient avoir besoin d'être remplacés.

Matériel

Munissez-vous d'une brosse à chiendent, de paille métallique, d'une pierre à aiguiser, d'huile de lin, d'alcool à brûler, de chiffons, de papier de verre, de graisse universelle et de gants.

MÉTHODE

1 → Brossez les parties métalliques de vos pelles, râteaux ou bêches afin d'en retirer la terre.

2 → Passez de la paille métallique sur les parties un peu rouillées, puis graissez-les.

3 → Poncez vos manches en bois avec un papier de verre (grain très fin) et passez un chiffon imbibé d'huile de lin.

4 → Remisez vos outils toujours la tête métallique vers le haut dans votre abri de jardin.

5 → Nettoyez vos outils de coupe (sécateur, cisaille) à l'aide d'un chiffon imbibé d'alcool à brûler.

6 → Aiguisez-les avec la pierre en respectant l'angle du biseau, de l'intérieur vers l'extérieur.

7 → Graissez-les à l'huile de lin.

8 → Nettoyez votre scie en la dépoussiérant avec un pinceau ou un spray.

9 → Aiguisez-la avec la pierre, puis passez un chiffon imbibé d'huile.

10 → Graissez votre lame avant de la remonter.

NOËL AU JARDIN

Se soigner grâce au niaouli – un arbre médicinal de la côte ouest du Pacifique ; contempler l'écorce de l'érable cannelle qui s'exfolie en petits rouleaux brun doré ; découvrir la rose de Jéricho ; admirer les feuilles colorées du bougainvillier... La nature est, décidément, le plus beau des cadeaux !

Bougainvillier

De la famille des Nyctaginacées, le genre *Bougainvillea* compte une quinzaine d'espèces d'arbustes, d'arbres et de grimpantes persistantes ou semi-persistantes. À partir de 3 grimpantes sud-américaines, de nombreux hybrides ont été créés. Il en existe plus de 300 variétés de couleur pourpre, rouge, blanche, rose, violette, crème, jaune, abricot, orange, ou même bicolores. Elles peuvent fleurir longuement, jusqu'à l'automne. Et parfois toute l'année.

LA PLANTE DU MIDI PAR EXCELLENCE

On associe cette jolie grimpante à la chaleur, à l'été, la Côte d'Azur, la Corse et l'Italie. Ce n'est pas un hasard puisqu'elle nous vient des régions tropicales d'Amérique du Sud. Sublime sur une façade ou un muret !

DES PÉTALES... NON, DES FEUILLES !

Les belles couleurs dont se parent en été les bougainvilliers ne sont pas dues à la corolle de la fleur. Tubulaire, plutôt modeste et de couleur blanc-crème, celle-ci est entourée de 3 bractées pétaloïdes aux teintes éclatantes et très différentes selon les variétés. Les bractées sont des feuilles spécialisées qui protègent les fleurs et se situent sous le calice. Leur couleur est souvent verte, mais pas toujours comme on peut s'en rendre compte chez cette superbe grimpante, qui peut atteindre 8 m de haut au jardin. Les rameaux sarmenteux sont munis d'épines, ce qui permet au bougainvillier de s'accrocher à son support. Les feuilles entières, ovales, acuminées se réunissent en verticille. Les inflorescences en cyme, à 3 fleurs, fructifient en akènes. Le fruit est entouré de ses bractées séchées qui lui servent de parachute en tombant.

Bougainvillea spp.

Milieu d'origine : Tropical et subtropical, forêts et taillis d'Amérique du Sud.
Culture : Sol riche, léger, bien drainé. Au soleil.
Plantation : En région méditerranéenne, vous planterez votre bougainvillier en pleine terre, de préférence au printemps. Mélangez à votre terre de jardin du terreau et du sable. Choisissez un endroit bien ensoleillé, plutôt abrité du vent, près d'un support afin de faire grimper la plante. Paillez la souche en été avec des matières organiques. Sous climat plus frais en hiver, plantez votre bougainvillier dans un grand pot et un terreau pour plantes fleuries. Il sera à rentrer dans une pièce lumineuse et non chauffée en cas de gel. Arrosage régulier et copieux en été, puis plus rare en hiver. À l'intérieur, brumisez les feuilles ; cette plante apprécie l'air un peu humide.
Taille : Légère et progressive au fil des ans, juste pour équilibrer la ramure et garder une forme buissonnante. Vous supprimerez les branches trop longues, le vieux bois, les bractées et les fleurs desséchées à la fin de l'hiver. L'espèce *B. glabra* 'Sanderiana' se taille très bien, en boule, en espalier, etc.
Autres espèces et cultivars : *B. glabra* (plus résistant au froid), *B. spectabilis*, *B.* 'Blush', *B.* 'Alexandra', *B. glabra* 'Sanderiana', etc.
Nuisibles éventuels : Cochenilles et pucerons.
Rusticité : Peu rustique, pas en dessous de 0 °C.
À voir : Au Jardin botanique Val Rahmeh-Menton (Alpes-Maritimes).

Sélaginelle

De la famille des Sélaginellacées, le genre *Selaginella* compte plusieurs centaines d'espèces de vivaces rhizomateuses. Leurs feuillages vert vif et très lumineux en font des plantes d'intérieur décoratives, par exemple pour apporter un peu de lumière à un coin sombre de la maison.

PLUS MYSTÉRIEUSES QU'IL N'Y PARAÎT !

Les ancêtres de ces jolies herbacées souvent minuscules étaient de très grands arbres. Elles se sont ensuite adaptées à toutes sortes d'environnements et de climats. On les cultive pour la beauté de leur feuillage en écailles, leur port rampant, buissonnant ou tapissant, leurs tiges ramifiées et la diversité des coloris. La plus grande de la famille atteint 2-3 m (*Selaginella willdenowii*), mais la plupart des espèces ne dépassent pas 15 cm. Difficile d'imaginer les forêts que ces herbacées formaient au Paléozoïque, il y a 350 millions d'années ! Elles ressemblaient alors à des palmiers. Vous ne trouverez pas de fleurs sur ces plantes, mais des spores par lesquels elles se reproduisent.

LA ROSE DE JÉRICHO

Parmi les espèces du genre, on trouve la célèbre rose de Jéricho (*Selaginella lepidophylla*), vivace capable de stopper son métabolisme quand l'eau est absente de son milieu désertique. Elle se transforme alors en boule contractée et se laisse entièrement dessécher. Dès que l'humidité revient, elle renaît au fil des heures.

Selaginella spp.

Milieu d'origine : Principalement régions tropicales humides. Quelques espèces poussent en région tempérée et en milieu alpin.
Culture : Dans un sol riche, neutre à acide, frais et drainé. À mi-ombre ou à l'ombre.
Plantation : La seule qui sera un peu plus rustique, c'est l'espèce *Selaginella kraussiana*. Vous pouvez l'utiliser comme couvre-sol entre un dallage, une zone ombrée, ou pour créer une ambiance de jardin japonais, en apportant à votre terre du compost et du sable de rivière. Hors sol, ces vivaces sont à planter dans des pots plus larges que hauts, et un substrat composé de terreau pour plantes vertes et de perlite. Arrosez souvent et brumisez les feuilles. Cultivez-les sous une lumière tamisée.
Espèces : *S. kraussiana*, *S. lepidophylla*, *S. martensii*, *S. confusa*, *S. umbrosa*, etc.
Rusticité : Non rustique, pas en dessous de 5 °C.
À voir : Dans les Grandes Serres du Jardin des Plantes (Paris).

Érable cannelle

De la famille des Sapindacées, le genre *Acer* compte environ 150 espèces d'arbres et d'arbustes à feuillage persistant et caduc. On en trouve en Europe, en Asie, en Afrique du Nord et en Amérique du Nord et centrale. L'érable cannelle est cultivé pour son écorce brun orangé qui s'exfolie joliment et son feuillage rouge écarlate en automne.

UNE ÉCORCE FABULEUSE

En hiver, même si la plupart des feuillus sont nus, on peut profiter de la beauté des écorces. Celle de cet érable se desquame avec charme. L'exfoliation ne commence qu'à partir de la deuxième année du développement de l'arbre, à croissance plutôt lente. Il ne doit pas être confondu avec le cannellier (*Cinnamomum verum*), qui appartient à une autre famille. Rien ne se mange dans l'érable cannelle. Mais quelle bonheur de le voir grandir au jardin et changer de couleur au fil du temps !

DE PETITS BÂTONS DE « CANNELLE »

En s'exfoliant, l'écorce a tendance à s'enrouler par endroits et à former des sortes de bâtonnets bruns. Cela a donné son nom vernaculaire au bel érable qui, dans nos jardins, peut atteindre 6-8 m de haut comme de large. Les feuilles à 3 folioles mesurent une dizaine de centimètres de long. Elle sont vertes en été et se parent de merveilleuses couleurs rousses en automne. L'arbre produit des grappes de fleurs jaune-vert qui se transforment en fruits ailés : les disamares. Ceux-ci restent sur l'arbre en hiver. Le feuillage tombe à la fin de l'automne.

Acer griseum

Milieu d'origine : Zones forestières du centre de la Chine.
Culture : Dans un sol fertile, profond, frais, drainant (il apprécie peu les sols compacts). À mi-ombre.
Plantation : Vous planterez votre érable au printemps ou en automne en isolé sur une pelouse, ou près d'un lieu de passage afin d'admirer son écorce. Creusez un trou profond (trois fois la taille de la motte) et placez la motte au centre. Si votre sol est pauvre, ajoutez de la matière organique, du terreau de feuilles par exemple. Formez une cuvette autour de l'arbre et tassez doucement du pied la terre. Arrosez copieusement et régulièrement durant les deux premières années de croissance.
Taille : Évitez de tailler votre arbre en hiver, car sa sève monte assez tôt. Agissez en novembre. La taille sera légère et consistera à éliminer le bois mort et les branches enchevêtrées.
Nuisibles éventuels : Cochenilles, pucerons, fusariose et chancre.
Rusticité : Très bonne, jusqu'à -25 °C.
À voir : À l'Arboretum de Versailles-Chèvreloup (Yvelines).

Niaouli

De la famille des Myrtacées, le genre *Melaleuca* compte près de 400 espèces d'arbustes et d'arbres à feuillage persistant. Le niaouli est très apprécié pour ses feuilles odorantes et persistantes, sa silhouette tortueuse et son écorce blanche, composée de plusieurs couches fines comme du papier, s'exfoliant continuellement.

UNE MYRTACÉE GUÉRISSEUSE

Résistant au feu par son écorce à multicouches, de croissance rapide, s'adaptant à tout type de sol, le niaouli peut se montrer invasif dans certaines régions de Nouvelle-Calédonie. Il a pourtant de nombreuses vertus. L'huile essentielle extraite de ses feuilles est bien connue de l'aromathérapie. Elle sert à lutter contre les virus de l'hiver et les infections respiratoires.

UN MÉDICAMENT ET UN MIEL TRÈS PRISÉS

Toujours vert, cet arbre présente des feuilles en forme de lance. Elles sont simples, alternes, à court pétiole et, au début de leur croissance, blanchâtres, velues et lustrées. Aromatiques, elles furent très tôt utilisées par les Mélanésiens pour purifier l'eau, se prémunir des infections, soigner les fièvres ou les blessures. L'écorce servait aussi à envelopper les bébés pour les protéger. Depuis 150 ans, en Nouvelle-Calédonie, la fameuse huile essentielle de niaouli est produite par distillation. Elle soigne de nombreuses affections et renforce l'immunité. Mais l'arbre est aussi nutritif pour la faune. Les inflorescences offrent du nectar aux oiseaux. Les perruches s'en délectent particulièrement. Les abeilles visitent beaucoup les fleurs blanches du niaouli et en font un miel très recherché.

Melaleuca quinquenervia

Milieu d'origine : Marécages, prairies humides, terrains miniers en bordure de cours d'eau des pays de la côte ouest du Pacifique (de l'Australie aux Philippines).
Culture : Dans tout type de sol drainant, fertile à pauvre, frais. Préférence pour les sols argileux et les terrains humides. Au soleil ou à mi-ombre.
Plantation : En région chaude, vous planterez un niaouli dans un trou profond, en apportant à votre terre du terreau de feuilles et du sable. Culture en pot possible et recommandée en région gélive. À rentrer en hiver dans une véranda non chauffée et bien lumineuse.
Taille : Juste pour éliminer le bois mort et les branches abîmées.
Nuisibles éventuels : Cochenilles et araignées rouges (en serre).
Rusticité : Non rustique, pas en dessous de 0 °C.
À voir : Dans les Grandes Serres du Jardin des Plantes (Paris).

S'INSPIRER : LA GRAINETERIE

JARDIN DES PLANTES (PARIS)

Créée en 1822 par le botaniste et agronome André Thouin, la Graineterie du Muséum a diverses missions : la recherche, la préservation d'un patrimoine, la culture et la conservation d'un très grand nombre de graines, la pédagogie et la formation.

UN LIEU D'ÉCHANGES ET DE CULTURES

La Graineterie publie chaque année un catalogue mis à jour, présentant 3 000 références de graines. Cet outil de travail est précieux pour le partage des savoirs et les échanges entre conservatoires botaniques du monde entier. Il présente les graines conservées sur place en chambre froide. Les plus rares, ou celles dont les espèces sont en voie d'extinction, se conservent à -18 °C dans de grands congélateurs. Les graines destinées à retrouver la terre de divers jardins botaniques du Muséum sont maintenues dans une réserve à -5 °C. Autour du bâtiment, des parcelles servent à la culture de porte-graines pour constituer des stocks et répondre à des commandes spécifiques des jardiniers du Jardin des Plantes.

UN LIEU DE RECHERCHES SCIENTIFIQUES

Depuis 1983, toutes les graines sont conservées à la Graineterie du Muséum alors que la plupart des jardins botaniques les jettent ou ne les conservent que quelques années. Cette réserve unique en Europe offre aux scientifiques de mener différents projets de recherche sur des espèces ou sous-espèces végétales et leur évolution, sur la levée et les pouvoirs de germination des graines (par exemple, même sans oxygène), etc. L'équipe de la Graineterie effectue aussi des missions de collecte sur le terrain, car le travail scientifique se fait à partir de graines de plantes sauvages uniquement.

Le réseau Ensconet
Le site fait partie du réseau Ensconet : un programme européen dédié à la conservation de longue durée de graines, en vue de sauvegarder la diversité de la flore européenne. Il s'agit d'un réseau international de banques de graines pour les générations futures.

UN LIEU D'HISTOIRE TOURNÉ VERS L'AVENIR

En plus des parcelles de culture à l'extérieur, des chambres froides, des bureaux voués au tri de graines récoltées sur le terrain, la Graineterie détient une carpothèque-séminothèque très ancienne. Quand vous pénétrez dans la salle, un grand livre en 3D de la diversité végétale mondiale s'ouvre à vous. Cette collection sèche de fruits et graines conservés dans des enveloppes, sous vitrines ou même dans de l'alcool, rassemble 25 000 échantillons issus de la flore mondiale et 5 000 échantillons venus de la flore française. Ceux de la flore mondiale rappellent les voyages scientifiques entrepris de 1860 à nos jours. Ceux de la flore française proviennent de collectes de biotopes variés dans le pays, réalisées de 1950 à nos jours. Chaque année, cette collection de référence est enrichie par le biais d'échanges et d'achats de graines.

Graines de demain

Les graines anciennes qu'on qualifiait autrefois de « mortes » sont dites « inertes » aujourd'hui. Qui sait si de futures générations ne pourront pas, *via* de nouvelles technologies, voir germer et grandir des espèces éteintes grâce à ces collections ?

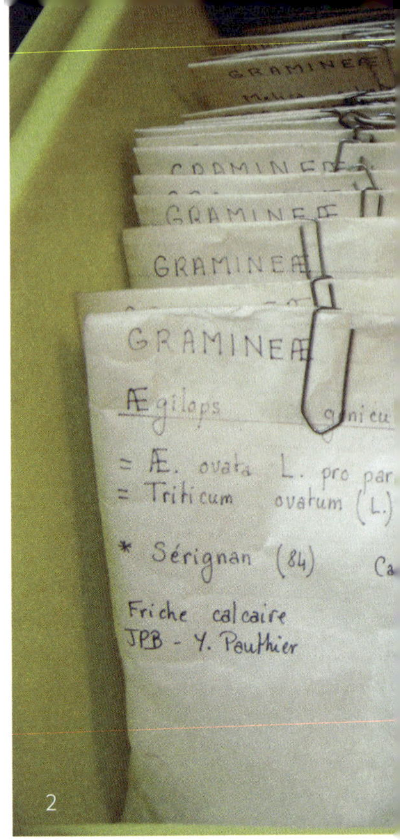

Page précédente : Graines au Jardin botanique Val-Rahmeh Menton (Alpes-Maritimes). Certaines d'entre elles rejoindront les collections de la Graineterie au Jardin des Plantes. 1. Des cultures de la Graineterie du Muséum. 2. Graines triées et étiquetées par l'équipe de la Graineterie après les missions de collecte dans la nature. 3. Carpothèque-séminothèque (vue des tiroirs contenant des graines inertes). 4. Après la récolte, le tri de graines.

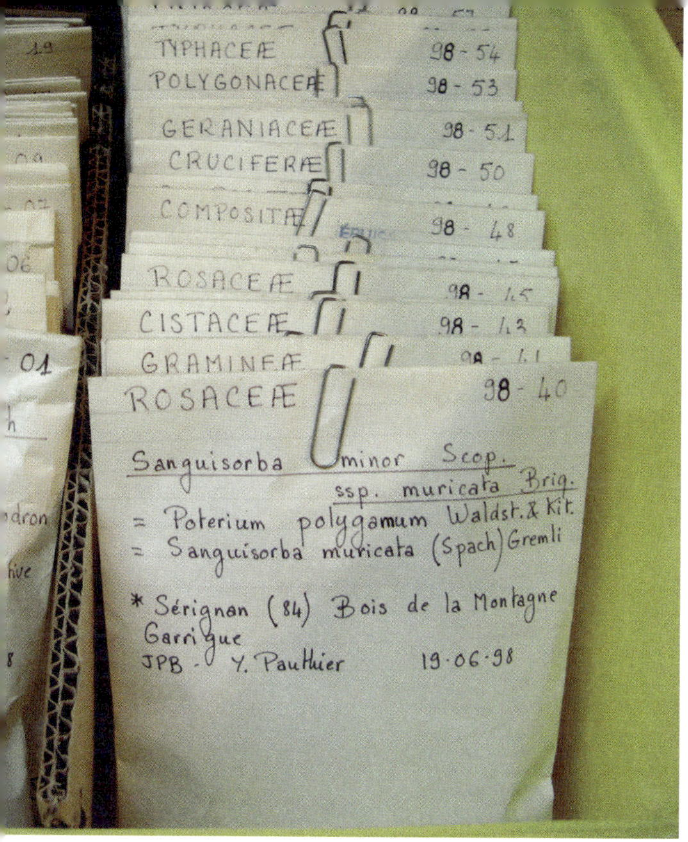

LA GRAINETERIE ET VOUS

N'hésitez pas à visiter cette « arche de Noé » des graines lors des fêtes de la Nature et du Patrimoine. Les vitrines qui présentent des embryons de plantes souvent impressionnants, et le caractère ancien du lieu vous donneront l'impression de pénétrer dans l'histoire de la botanique. En rencontrant l'équipe qui y travaille, vous ressortirez enrichi de savoirs et sans doute avec l'envie de collecter vous-même des graines vives ou inertes pour expérimenter leur levée ou contempler leur éternelle beauté.

ANNEXES

Morphologie d'une fleur

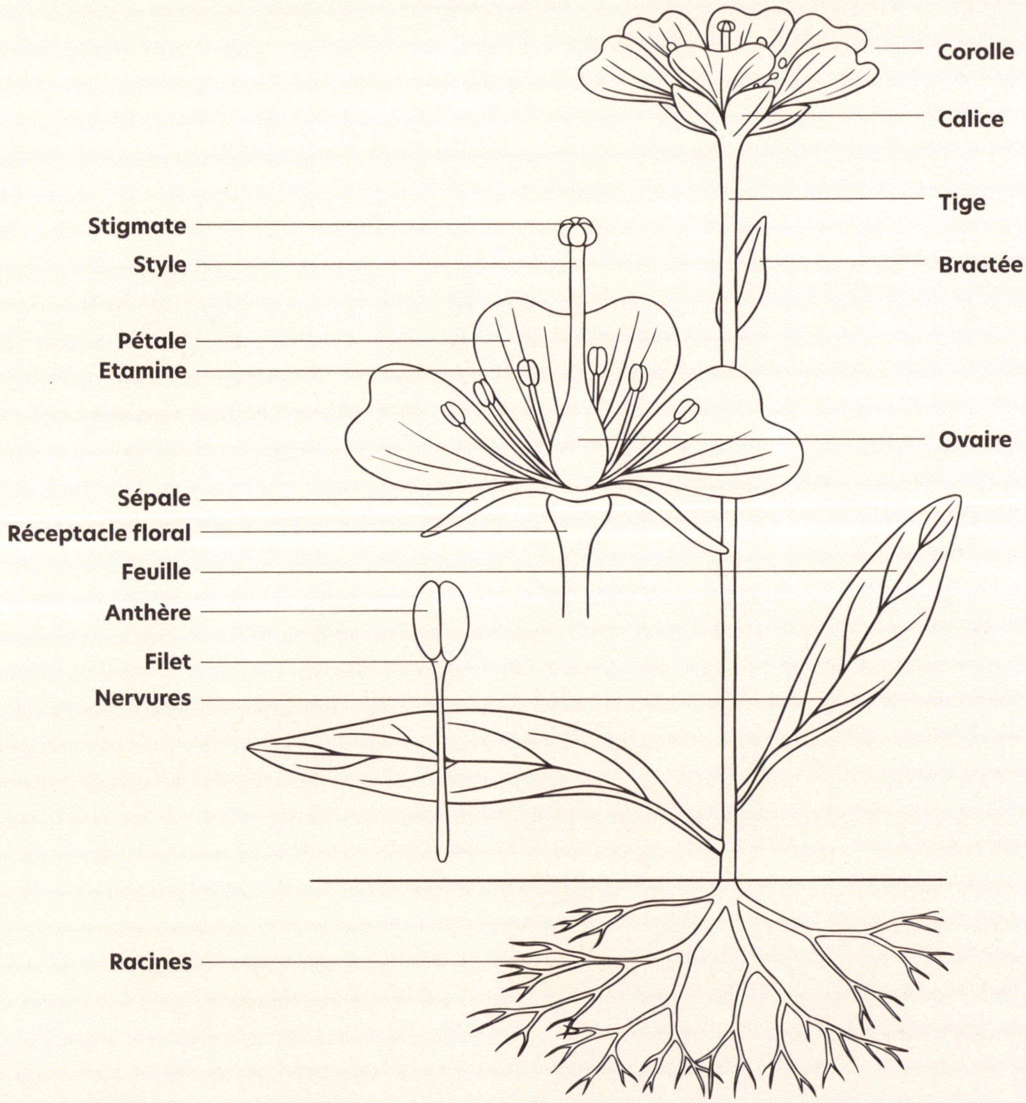

Les formes de fleurs

→ SYMÉTRIE DES FLEURS

Fleurs actinomorphes
(symétrie radiale)

Fleurs zygomorphes
(symétrie axiale par rapport à un seul plan)

→ DIVERSES INFLORESCENCES

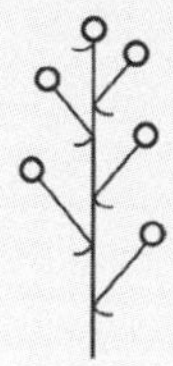

Grappe

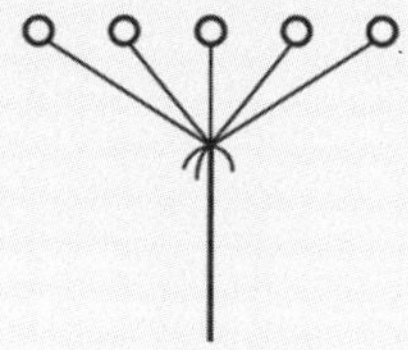

Ombelle

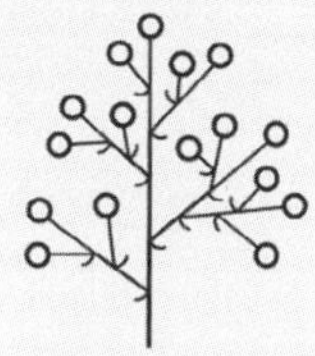

Panicule

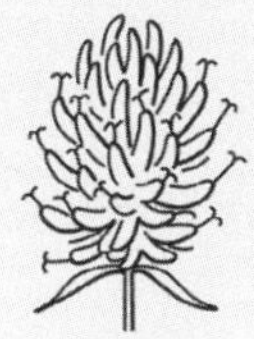

Capitule

Les formes de feuilles

→ FORMES

Aciculaire
(en forme d'aiguille)

Lancéolée
(en forme de fer de lance)

Lobée
(comme le chêne)

Cordée
(en forme de cœur)

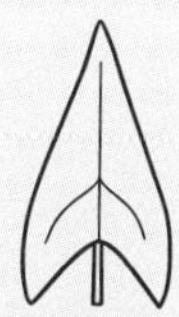

Sagitée
(en forme de flèche)

→ AGENCEMENTS

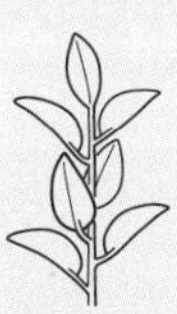

Alternes

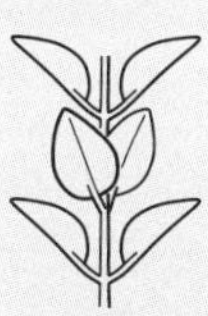

Opposées décussées

Verticillées

A

Acuminée (adj.): extrémité en pointe de la feuille.

Akène (n. m.): fruit sec ne s'ouvrant pas à maturité, contenant généralement une seule graine.

Albumen (n. m.): chez les angiospermes, tissu transitoire de réserves nutritives entourant l'embryon, issu de la fécondation de l'un des deux gamètes mâles apportés par le grain de pollen avec les noyaux polaires du sac embryonnaire.

Alterne (adj.): s'emploie pour préciser la disposition des feuilles ou des bourgeons sur la tige, le rameau, indiquant que ceux-ci s'insèrent à des hauteurs différentes de part et d'autre.

Anémophile (adj.): se dit d'une plante pollinisée par le vent.

Angiosperme (n. f.): plante à fleurs.

Annuelle (n. f. et adj.): une plante dite « annuelle » a un cycle de vie qui s'étend sur une année. Mais certaines plantes vivaces, venues de régions tropicales par exemple, ne passent pas l'hiver au jardin sous notre climat. On dit alors qu'elles sont cultivées en annuelles.

Anthère (n. f.): partie terminale de l'étamine où se trouve le pollen. Nombreuses sont les plantes qui présentent des fleurs avec des étamines à deux anthères.

B

Baie (n. f.): fruit charnu dont les graines sont les pépins.

Bisannuelle (n. f. et adj.): une plante est dite « bisannuelle » quand son cycle de vie s'étend sur deux ans.

Bouture (n. f.): désigne une pratique de multiplication consistant à prélever un fragment de la plante pour qu'il produise des racines dans du terreau léger ou même de l'eau. Cette pratique permet de reproduire une plante-mère à l'identique.

Bractée (n. f.): feuille qui diffère des autres par sa forme, sa taille ou sa couleur et se situe sous le calice ou le réceptacle floral.

Bulbe (n. m.): chez certaines plantes dites « bulbeuses », organe végétal souterrain riche en réserves nutritives, constitué d'une tige modifiée et de feuilles protégeant les racines embryonnaires. Il permet à la plante de reformer chaque année ses parties aériennes.

C

Caduc (adj.): précise le fait qu'une espèce ne garde pas ses feuilles toute l'année.

Calice (n. m.): ensemble des sépales libres ou soudés, situés en dessous des pétales. Souvent de couleur verte, mais pas toujours.

Cambium (n. m.): couche cellulaire assurant la croissance en épaisseur des tiges des spermatophytes (plantes à graines), à l'exception des monocotylédones.

Capitule (n. m.): type d'inflorescence où toutes les fleurs sont portées par un réceptacle commun.

Capsule (n. f.): fruit sec s'ouvrant à maturité.

Carpelle (n. m.): loge close où se trouvent les ovules des angiospermes et qui se transforme en fruit.

Cespiteux (adj.): qualifie les plantes herbacées poussant en touffes. Beaucoup de graminées sont cespiteuses.

Chloroplaste (n. m.): organite essentiel à la photosynthèse. Il s'agit d'un élément cellulaire qui contient de la chlorophylle. La fabrication de molécules telles que le sucre se produit en son sein.

Composée (adj.): précise que la feuille est formée de plusieurs folioles reliées à un pétiole commun.

Cormus ou corme (n. m.): organe de stockage souterrain caractérisé par une tige à base renflée entourée d'une enveloppe protectrice écailleuse. Plus aplati mais proche du bulbe.

Corolle (n. f.): ensemble des pétales libres ou soudés servant à attirer les pollinisateurs.

Corymbe (n. m.): type d'inflorescence en grappe, dont les fleurs arrivent toutes au même niveau.

Cultivar (n. m.): désigne une variété d'espèce cultivée par sélection pour obtenir les caractéristiques souhaitées.

Cupule (n. f.): ensemble de bractées qui, après fécondation, enveloppe le fruit. Par exemple, le gland du chêne.

Cyme (n. f.): type d'inflorescence à croissance finie car l'axe principal se termine précocement par une fleur, tandis que les axes secondaires poursuivent la croissance et comportent plusieurs fleurs.

D

Débourrage ou débourrement (n. m.): au début du printemps, à la fin du repos végétatif (dormance), la plante reprend sa croissance. Les bourgeons s'ouvrent lentement et laissent apparaître les premières jeunes feuilles ou fleurs. Au premier stade de leur développement, celles-ci sont recouvertes d'un duvet dit « bourre ». Le terme de débourrage signale le fait que la plante s'apprête à produire de nouvelles feuilles ou fleurs.

Diapause (n. f.): désigne chez les organismes vivants un arrêt temporaire de développement ou de métabolisme.

Dioïque (adj.): désigne le fait qu'une plante présente les sexes de façon séparée, avec un pied à fleurs mâles et un autre à fleurs femelles.

Disamare (n. f.): fruit sec à deux ailes, comme chez l'érable.

Dissémination (n. f.): se rapporte aux graines et à la façon dont elles s'éparpillent.

Dormance (n. f.): repos, arrêt temporaire de la croissance d'un végétal.

E

Entière (adj.): indique le fait que le limbe de la feuille est d'une seule pièce et à bord non denté.

Éperon (n. m.): prolongement tubulaire ou conique de certains sépales ou pétales de fleurs.

Épiphyte (adj.): se dit d'une plante qui généralement ne prend pas racine dans le sol et utilise une autre plante pour pousser, sans la parasiter. Beaucoup d'orchidées sont épiphytes.

Espèce (n. f.): désigne les végétaux à traits identiques pouvant se reproduire entre eux pour donner une descendance fertile. Dans la taxonomie, le nom vernaculaire d'une espèce végétale, par exemple l'ancolie commune, devient un binom scientifique composé du genre (*Aquilegia*) et de l'espèce (*vulgaris*).

Étamine (n. f.): pièce fertile mâle composée de trois parties: le filet, l'anthère (souvent au nombre de deux), et le connectif qui relie les sacs polliniques.

F

Feuillus (n. m.): apparus il y a 140 millions d'années, arbres angiospermes, par opposition aux conifères ou résineux.

Foliole (n. f.): désigne les divisions de la feuille composée.

Formation (taille de): Quand l'arbre ou l'arbuste est jeune, on peut pratiquer une taille dite « de formation » au cours des premières années de son développement. On supprime alors des branches en fonction de la forme que l'on souhaite lui donner.

Fronde (n. f.): nom donné aux feuilles des fougères.

G

Glomérule (n. f.): type d'inflorescence compacte formant une sorte de couronne ou de boule autour de la tige ou à l'extrémité de celle-ci.

Gousse (n. f.): fruit sec s'ouvrant par deux fentes, contenant souvent plusieurs graines. La famille des Fabacées présente ce type de fruit.

Graine (n. f.): résulte de la transformation de l'ovule fécondé. Contient l'embryon chez les gymnospermes et les angiospermes.

Grappe (n. f.): type d'inflorescence très répandue, à croissance continue, qui fleurit de bas en haut. Le corymbe, le capitule, la panicule, l'épi, l'ombelle sont des variantes de grappes.

Gymnosperme (n. f.): groupe de végétaux à ovules nus, ne produisant pas de fruits. Les conifères, le ginkgo et les cycas sont des gymnospermes.

H

Hampe (n. f.): chez les angiospermes, désigne un pédoncule portant une fleur ou une inflorescence.

Hermaphrodite (adj.): désigne une plante portant des fleurs avec étamines et pistil(s). Mâle et femelle sont sur une même fleur.

Houppier (n. m.): partie en haut du tronc d'un arbre, constituée de l'ensemble des branches, des rameaux et des feuilles. Il comprend donc la ramure et la cime.

Humus (n. m.): terre provenant de la décomposition de végétaux.

Hybride (n. m.): organisme issu d'un croisement entre deux variétés, sous-espèces, espèces ou genres différents. L'hybridation peut se produire de manière naturelle ou artificielle. Dans la taxonomie, il sera désigné par le sigle « x » placé entre le genre et l'espèce obtenue.

I

Inflorescence (n. f.): ensemble de fleurs regroupées sous diverses formations (cyme, grappe...).

Infrutescence (n. f.): désigne le regroupement de plusieurs fruits qui résulte des fleurs d'une inflorescence après fructification.

Involucre (n. m.): ensemble de pièces bractéales réunies sous une fleur isolée, une ombelle ou un capitule.

L

Labelle (n. m.): terme spécifique aux orchidées pour nommer le pétale médian, qui est dans bien des cas différent des pétales latéraux.

Lancéolée (adj.): désigne une feuille de forme allongée ou ovale qui se termine en pointe.

Limbe (n. m.): partie de la feuille essentielle à la photosynthèse dont la forme et les découpures se révèlent très variées en fonction des genres et espèces.

M

Maladies cryptogamiques: désigne les maladies causées par des champignons parasites. Ces maladies sont très courantes au jardin, au potager et au verger. Les spores des champignons pénètrent dans les tissus végétaux par les racines, les plaies ou les stomates des feuilles et développent leurs filaments. Le mildiou, l'oïdium, la pourriture grise, la rouille, la moniliose, la cloque, la tavelure, le pourridié sont des maladies cryptogamiques.
Marcottage (n. m.): il s'agit d'une technique de multiplication végétale qui consiste à prendre une tige ou un segment de branche et, sans le séparer de la plante, à l'enterrer dans le sol afin qu'il produise des racines. Mais on peut aussi pratiquer un marcottage hors sol, dit « aérien », en utilisant un manchon rempli de terreau humide. Celui-ci enveloppe alors le segment d'une branche défeuillé et incisé.
Monoïque (adj.) : désigne les plantes qui ont des fleurs mâles et des fleurs femelles sur un même pied. Mais non pas des fleurs hermaphrodites.
Mucron (n. m .): petite pointe raide à l'extrémité de certains organes végétaux souvent foliaires.
Mulch (n. m.): terme anglais désignant le paillis composé de matières organiques.

N

Nectaire (n. m.): glande végétale au sein de laquelle se forme le nectar.
Nectar (n. m.): produit par les nectaires, il s'agit d'un liquide sucré riche en glucides qui nourrit, entre autres, les pollinisateurs.
Nectarifère (adj.): précise que la plante offre du nectar par le biais de nectaires (des glandes localisées dans la fleur ou une autre partie végétale).

O

Œil (n. m.): désigne un départ de bourgeon sur un rameau ou une branche.
Oïdium (n. m.): voir « maladies cryptogamiques ».
Ombelle (n. f.) : type d'inflorescence en grappe, dont les pédoncules sont réunis au même point.
Opposés (adj.) : indique la disposition des feuilles ou des bourgeons sur la tige, le rameau, qui se développent à la même hauteur de part et d'autre.

P

Paillis (n. m.): couche de matières organiques destinée à protéger le sol, à conserver son humidité et à apporter des nutriments (humus).
Panicule (n. f.): type d'inflorescence désignant une grappe composée (grappe de grappes).
Pédalée (adj.): qualifie une feuille à plusieurs folioles, s'articulant les unes sur les autres. Par exemple chez l'hellébore.
Pédoncule (n. m.): né à l'aisselle d'une bractée, il s'agit de la pièce florale en forme de tige portant la fleur ou l'inflorescence.
Persistant (adj.): précise le fait qu'un arbre ou arbuste ne perde pas ses feuilles.
Pétales (n. m.): pièces de la corolle, souvent colorées, servant à attirer les pollinisateurs. La majorité des fleurs en possèdent, mais pas toutes.
Pétiole (n. m.): partie étroite reliant le limbe d'une feuille à la tige.
Pistil (n. m.): organe femelle de la fleur des angiospermes constitué de trois parties : l'ovaire, le style (colonne étroite plus ou moins longue) et le stigmate qui reçoit le pollen à l'extrémité du style.
Plantule (n. f.): jeune pousse produite par la germination de la graine.
Pollen (n. m.): situé dans les anthères de l'étamine, le pollen est une « poussière » fine contenant les gamètes mâles des plantes à graines.
Pollinie (n. f.): terme spécifique aux orchidées, désignant l'amas de pollen regroupé dans une loge de l'anthère. Les pollinies sont souvent au nombre de deux.
Pollinisation (n. f.): dépôt de pollen sur le stigmate permettant la fécondation.
Port érigé (n. m.) : désigne le fait qu'une plante se développe avec des rameaux plutôt dressés. Si les rameaux poussent horizontalement, on parle de port « étalé », voire « retombant ».
Port ramifié (n. m.): désigne un type de croissance chez les plantes qui produisent des rameaux depuis le bas du pied jusqu'en haut.
Pubescent (adj.) : précise le fait qu'une pièce végétale (tige, feuille, pétale…) soit recouverte de poils fins ou d'un duvet soyeux. Pour désigner le contraire, on emploie le terme « glabre ».
Pyrophiles (adj.) : se dit des plantes qui se sont adaptées au feu et en ont même besoin pour fleurir ou germer. On parle aussi de « plantes pyrophytes ».

Q

Quiescence (n. f.): phase de repos et de diminution du développement, ou de vie ralentie chez certains organismes vivants.

R

Rameau (n. m.): petite branche se développant à partir d'un bourgeon sur une branche principale.
Ramure (n. f.): désigne l'ensemble des branches et rameaux d'un arbre. Le houppier comprend la ramure, le feuillage et la cime.
Réceptacle (n. m.): partie terminale du pédoncule sur lequel s'insèrent les pièces florales. Il nous arrive de le manger, par exemple quand nous savourons une fraise.
Rhizome (n. m.): tige souterraine vivace souvent gorgée de réserves.
Rouille (n. f.): voir « maladies cryptogamiques ».
Rosette (n. f.): désigne chez une plante acaule (sans tige apparente) la disposition des feuilles en rayons insérées sur une courte tige au ras du sol.

S

Sépales (n. m.) : pièces du calice, ressemblant à de petites feuilles vertes. Mais ils peuvent aussi être de la même teinte que les pétales, ou d'une autre. Il arrive qu'ils servent de pétales (éléments attractifs pour les pollinisateurs) quand la fleur n'en possède pas.
Sessile (adj.) : si la feuille ou la fleur ne possède pas de pétiole ou de pédoncule, elle est dite « sessile ».
Sève brute (n. f.): sève venue des racines constituée d'eau et de sels minéraux qui alimente par déplacement vertical et latéral les feuilles, les bourgeons et les fleurs, en empruntant les vaisseaux des végétaux vascularisés.
Sève élaborée (n. f.): sève provenant surtout des feuilles, lieu de la photosynthèse, composée de substances organiques solubles (acides aminées et sucre), qui circule par déplacement descendant, vertical et latéral, jusqu'aux racines.
Simple (adj.): indique le fait que la feuille ne soit pas composée de folioles.
Sol ressuyé (n. m.): désigne une terre qui n'est plus gorgée d'eau. Cette dernière est encore humide mais l'eau a eu le temps de quitter les pores les plus importants du sol. On pratique le travail du sol quand celui-ci est ressuyé.
Spathe (n. f.): grande bractée verte ou colorée qui enveloppe l'inflorescence de certaines plantes.
Spore (n. f.): corpuscule unicellulaire ou pluricellulaire qui donne naissance au gamétophyte. Les spores appartiennent à une étape du cycle de vie des fougères, des champignons, des algues, des mousses et des bactéries.
Stigmate (n. m.): le haut du pistil qui sert à récolter le pollen.
Stolon (n. m.): désigne une tige aérienne rampante, par laquelle certaines plantes se reproduisent végétativement. Elles forment alors de nouveaux plants identiques, à partir de l'enracinement d'un nœud ou de l'extrémité du stolon qui s'enracine.
Substrat (n. m.): toute matière qui sert de support à un végétal. Cela peut être de la terre, de la roche, du bois, du sable, des sédiments, de l'humus, du terreau, de la tourbe, etc.

T

Tépales (n. m.): désigne les pétales et sépales de même apparence, que l'on ne peut donc plus distinguer à l'œil nu.
Têtard (taillé en): technique de taille spécifique qui consiste à tailler les branches d'un arbre au même niveau, assez bas mais pas trop (l'étêtage se fait à 2 m du sol minimum) sans s'attaquer au tronc. Elle se pratique au bout de plusieurs années de développement de l'arbre et demande un entretien de la couronne ou « tête » assez régulier. On l'appelle aussi « la taille en trogne ».
Tire-sève (n. m.): désigne la pousse que l'on conserve quand on taille, afin qu'elle favorise la montée de sève et sa circulation.
Tubercule (n. m.): organe racinaire ou caulinaire dans lequel la plante accumule des réserves.
Tubéreux (adj.): qualifie le fait qu'une plante présente un ou plusieurs tubercules.

V

Vacuole (n. f.): organite de la cellule végétale qui stocke l'eau, les glucides, les ions, les pigments et participe à des mécanismes de défense tels que la gestion des déchets, le maintien de l'équilibre hydrique et la turgescence par laquelle feuilles, tiges ou fleurs conservent une certaine rigidité.
Variété (n. f.): désigne une plante légèrement différente de l'espèce type.
Vasculaire (adj.): se dit d'une plante qui détient des vaisseaux conducteurs de sève. Les mousses ne sont pas des plantes vasculaires.
Verticille (n. m.): se dit de l'ensemble des pièces foliaires qui s'insèrent au même niveau sur la tige.
Vivace (n. f. et adj.): désigne une plante herbacée dont le cycle de vie s'étend sur plusieurs années, par opposition à une plante dite « annuelle » ou « bisannuelle ».
Vrille (n. f.): élément organique aérien, de nature foliaire, caulinaire ou racinaire, qui permet à une herbacée de s'accrocher, en s'enroulant autour d'un support.

X

Xérophyte (n. f.): se dit d'une plante adaptée aux milieux arides, pouvant donc résister à un important déficit en eau.

INDEX VÉGÉTAL

TABLE DES MATIÈRES

Les planches botaniques reproduites dans l'ouvrage sont conservées dans les collections du Muséum national d'histoire naturelle. Sauf mention contraire, les clichés ont été réalisés par les équipes de la Direction des bibliothèques et de la documentation.

p. 30 : Anonyme, *Galanthus nivalis* (Linné) / *France*, sans date
Collection des vélins, portefeuille 11, folio 21
Cliché © Tony Querrec / RMN
p. 48 : F. Detollenaere, « *Helleborus antiquorum* », dans *L'Horticulteur praticien : Revue de l'horticulture française et étrangère,* volume 2, 1858
p. 70 : J. N. Fitch, « *Clematis armandi*. China », dans *Curtis Botanical Magazine,* volume 140, planche 8587, 1914
p. 92 : K. A. Landsell, *The Flowering Plants of South Africa,* volume 2, planche 59, 1922
p. 110 : Anonyme, *Datura metel* (Linné) / *Asie*, sans date
Collection des vélins, portefeuille 23, folio 17
Cliché © Tony Querrec / RMN
p. 130 : Jean-Henri Jaume Saint-Hilaire, *Traité des arbrisseaux et des arbustes cultivés en France et en pleine terre*, 1825
p. 154 : Louis Van Houtte, « *Araucaria imbricata* Pav. », dans Charles Lemaire, Marcel Scheidweller, Louis Benoît Van Houtte, *Flore des serres et des jardins de l'Europe*, volume 15, 1862
p. 174 : P. Bessa (dessin), Barr, « *Plumeria alba* », dans *Herbier général de l'amateur*, volume 8, 1827, planche 521
p. 192 : S. Holden, « *Lagerstroemia elegans* / 1. *L. indica* » dans *Paxton's Magazine of Botany and Register of Flowering*, volume 14, 1847-1848
p. 214 : Désiré Bois, « A. *Aster amellus* Linné, / B. *Aster novae-anglicae* Linné. C/. *Aster novae-anglicae* Linné. var. *roseus* », dans *Atlas des plantes de jardins et d'appartements exotiques*, 1896
p. 232 : L. Stroobant, « *Abutilon vexillarium* », dans *L'Illustration horticole*, volume 12, planche 432, 1865
p. 247 : Adèle Riché, *Buginvillea spectabilis*, 1836
Collection des vélins, portefeuille 75, folio 57
Cliché © Tony Querrec / RMN

Sauf mention contraire, les photographies présentées dans ce volume ont été prises par Agnès Iatzoura, photographe du MNHN (clichés © Agnès Iatzoura/MNHN).

p. 9 ; p. 149 : © Jérôme Munier / MNHN
p. 10 haut, centre ; p. 46 ; p. 115 ; p. 137 ; p. 140 haut, droite et bas, droite ; p. 141 ; p. 199 ; p. 200 gauche ; p. 200 bas, droite ; p. 201 ; p. 202 haut, droite : © Bruno Jay / MNHN
p. 10 bas, gauche ; p. 14 bas ; p. 96 ; p. 117 ; p. 118 gauche ; p. 119 droite ; p. 120 gauche ; p. 120 bas, droite ; p. 121 haut, gauche ; p. 121 bas, droite ; p. 125 ; p. 139 ; p. 156 ; p. 159 ; p. 168 haut, droite et bas, droite ; p. 169 ; p. 189 ; p. 203, droite ; p. 236 ; p. 239 ; p. 240 gauche et haut, droite ; p. 241 ; p. 243 ; p. 253 : © François-Gilles Grandin / MNHN
p. 32 ; p. 132 ; p. 134 ; p. 155 ; p. 204 ; p. 206 ; p. 211 ; p. 221 ; p. 222 droite et gauche ; p. 223 ; p. 227 ; p. 236 ; p. 240 bas, droite ; p. 254 : © Snezana Gerbault / MNHN
p. 39 droite ; p. 53 ; p. 101 droite ; p. 135 ; p. 163 ; p. 182 bas, droite ; p. 183 ; p. 185 haut, droite et haut, gauche ; p. 217 ; p. 234 : © Christophe Joulin / MNHN
p. 60 ; p. 84 ; p. 102 ; p. 122 ; p. 146 ; p. 186 ; p. 208 ; p. 224 ; p. 244 : © Shutterstock
p. 94 ; p. 140 haut, gauche ; p. 260 : © Patrick Lafaite / MNHN
p. 97 : © Daniel Ponsard / MNHN
p. 112 ; p. 175 ; p. 203 bas, gauche ; p. 215 ; p. 259 haut, centre et bas ; © MNHN
p. 113 : © Emmanuel Baril
p. 157 : © Olivier Borderie / MNHN
p. 255 : © Jean-Christophe Domenech / MNHN
p. 260 : © Valentine Ferrandi
p. 261 : D.R.

Première de couverture : © Agnès Iatzoura / MNHN, © Shutterstock, © Direction des bibliothèques et de la documentation / MNHN, © Jeane Montano / MNHN
Quatrième de couverture : © Agnès Iatzoura / MNHN

PAPIER À BASE DE FIBRES CERTIFIÉES

MARABOUT s'engage pour l'environnement en réduisant l'empreinte carbone de ses livres. Celle de cet exemplaire est de : 3 kg éq. CO_2
Rendez-vous sur www.marabout-durable.fr

Achevé d'imprimer en août 2023 sur les presses de Graficas Estella en Espagne.
7388198
ISBN : 978-2-501-18155-6
Dépôt légal : octobre 2023